대한민국 법령 시리즈 76

자유무역지역의 지정 및 운영에 관한 법률

(약칭 : 자유무역지역법)

법령
시행령
시행규칙

해광출판사

머리말

이 책은 방대한 법전을 보지 않고 간편하게 해당되는 법령만 참고해서 볼 수 있도록 하였습니다. 공공기관이나 관련 종사자들이 쉽고 간편하게 해당 법령을 참조 할 수 있도록 하였습니다.

특히 해당법률은 물론 관련 시행령, 시행규칙을 함께 실어 관련법을 서로 참고할 수 있게 하였습니다.

법률이라는 것이 크든 작든 항상 변하는 관계로, 출간 이후의 정확하고 최신의 법률은 법제처 국가법령정보센터에서 확인이 가능하니 법률의 실제 적용 시 확인이 필요한 점 유의하기를 바랍니다.

편집부

* 수록 법률은 법제처 국가법령정보센터에서 확인 가능합니다.
* 발행일 기준 시행 법률이므로 최신 법령은 위 센터에서 볼 수 있습니다.
* 본 책자에 수록된 법률의 문구에 대하여 법적인 효력은 없으며,
  실제 적용 법률은 위 센터에서 최신의 법률로 확인하시기 바랍니다.
* 해당 법령과 함께 시행령, 시행규칙도 수록되어 있습니다.
* 발행일 기준으로 개정 예정 법률은 밑줄로 별도 표시되어 있으며,
  보다 정확한 것은 법제처에서 확인하기 바랍니다.

목차

자유무역지역의 지정 및 운영에 관한 법률
(약칭 : 자유무역지역법)

[시행 2025. 1. 1.] [법률 제20608호, 2024. 12. 31., 타법개정]

**개정 예정 법률 밑줄 별도 표시.

자유무역지역의 지정 및 운영에 관한 법률

(약칭 : 자유무역지역법)

[시행 2025. 1. 1.] [법률 제20608호, 2024. 12. 31., 타법개정]

제1장 총칙 〈개정 2011. 4. 14.〉

제1조(목적) 이 법은 자유로운 제조·물류·유통 및 무역활동 등이 보장되는 자유무역지역을 지정·운영함으로써 외국인투자의 유치, 무역의 진흥, 국제물류의 원활화 및 지역개발 등을 촉진하여 국민경제의 발전에 이바지함을 목적으로 한다.

제2조(정의) 이 법에서 사용하는 용어의 뜻은 다음과 같다. 〈개정 2016. 1. 27.〉

1. "자유무역지역"이란 「관세법」, 「대외무역법」 등 관계 법률에 대한 특례와 지원을 통하여 자유로운 제조·물류·유통 및 무역활동 등을 보장하기 위한 지역으로서 제4조에 따라 지정된 지역을 말한다.

2. "입주기업체"란 제10조제1항제1호부터 제5호까지 및 같은 조 제2항에 따른 입주 자격을 갖춘 자로서 제11조에 따라 입주계약을 체결한 자를 말한다.

3. "지원업체"란 제10조제1항제6호에 따른 입주 자격을 갖춘 자

로서 제11조에 따라 입주계약을 체결한 자를 말한다.

4. "외국인투자기업"이란 「외국인투자 촉진법」 제2조제1항제6호에 따른 기업으로서 같은 법 제4조제3항 또는 제4항에 따라 외국인투자가 제한되는 업종에 해당하지 아니하는 업종을 경영하는 기업을 말한다.

5. "공장"이란 「산업집적활성화 및 공장설립에 관한 법률」 제2조제1호에 따른 공장을 말한다.

6. "관세등"이란 관세, 부가가치세, 임시수입부가세, 주세, 개별소비세, 교통·에너지·환경세, 농어촌특별세 또는 교육세를 말한다.

7. "관세영역"이란 자유무역지역 외의 국내지역을 말한다.

8. "수입"이란 「관세법」 제2조제1호에 따른 수입을 말한다.

9. "수출"이란 「관세법」 제2조제2호에 따른 수출을 말한다.

10. "외국물품"이란 「관세법」 제2조제4호에 따른 외국물품을 말한다.

11. "내국물품"이란 「관세법」 제2조제5호에 따른 내국물품을 말한다.

12. "지식서비스산업"이란 「산업발전법」 제8조제2항에 따른 지식서비스산업을 말한다.

[전문개정 2011. 4. 14.]

제3조(다른 법률과의 관계) ① 자유무역지역에서는 이 법에 규정된 사항을 제외하고는 「관세법」을 적용하지 아니한다. 다만, 다음 각 호의 어느 하나에 해당하는 경우에는 그러하지 아니하다. 〈개정 2021. 12. 28.〉

1. 자유무역지역에 제5조제3호에 따른 통제시설이 설치되어 있지 아니한 경우

2. 입출항 및 하역 절차 등 통관을 위하여 필수적인 절차가 이 법에 규정되어 있지 아니한 경우

3. 물품의 통관에 관하여 이 법보다 「관세법」을 적용하는 것이 입주기업체에 유리한 경우

② 입주기업체 중 외국인투자기업에 대하여는 다음 각 호의 법률을 적용하지 아니한다. 〈개정 2011. 8. 4., 2011. 9. 15., 2021. 1. 5.〉

1. 「고용상 연령차별금지 및 고령자고용촉진에 관한 법률」 제12조

2. 「국가유공자 등 예우 및 지원에 관한 법률」 제31조, 「보훈보상대상자 지원에 관한 법률」 제35조, 「5·18민주유공자예우 및 단체설립에 관한 법률」 제22조, 「특수임무유공자 예우 및 단체설립에 관한 법률」 제21조

3. 「장애인고용촉진 및 직업재활법」 제28조

③ 자유무역지역의 지정 및 운영에 관하여 「경제자유구역의 지정 및 운영에 관한 특별법」에 이 법과 다른 규정이 있는 경우에는 이 법을 우선하여 적용한다.

[전문개정 2011. 4. 14.]

제2장 자유무역지역의 지정 등

제4조(자유무역지역의 지정 등) ① 중앙행정기관의 장이나 특별시장

·광역시장·특별자치시장·도지사 또는 특별자치도지사(이하 “시·도지사”라 한다)는 대통령령으로 정하는 바에 따라 관계 중앙행정기관의 장 및 관계 시·도지사와의 협의를 거쳐 산업통상자원부장관에게 자유무역지역의 지정을 요청할 수 있다. 이 경우 시·도지사는 제8조제1항 각 호의 구분에 따른 자유무역지역 관리권자에게 그 시·도지사를 대신하여 관계 중앙행정기관의 장 및 관계 시·도지사와 협의하여 줄 것을 요청할 수 있으며, 요청을 받은 자유무역지역 관리권자는 특별한 사유가 없으면 그 요청에 따라야 한다. 〈개정 2013. 3. 23., 2016. 1. 27.〉

② 중앙행정기관의 장 또는 시·도지사는 제1항에 따라 자유무역지역의 지정을 요청하려면 대통령령으로 정하는 사항이 포함된 자유무역지역 기본계획을 작성하여 산업통상자원부장관에게 제출하여야 한다. 〈개정 2013. 3. 23.〉

③ 산업통상자원부장관은 제1항에 따라 지정이 요청된 지역의 실정과 지정의 필요성 및 제5조에 따른 지정 요건을 검토한 후 기획재정부장관, 국토교통부장관 등 대통령령으로 정하는 관계 중앙행정기관의 장(이하 이 조에서 “관계 중앙행정기관의 장”이라 한다)과 협의하여 자유무역지역을 지정한다. 다만, 제7조에 따라 자유무역지역 예정지역으로 지정된 지역의 전부 또는 일부를 자유무역지역으로 지정하려는 경우에는 관계 중앙행정기관의 장과 협의를 거치지 아니할 수 있다. 〈개정 2013. 3. 23.〉

④ 산업통상자원부장관은 제3항에 따라 자유무역지역을 지정하였을 때에는 그 지역의 위치·경계·면적과 그 밖에 대통령령으로 정

하는 사항을 고시하고, 그 내용을 지체 없이 관계 중앙행정기관의 장 및 시·도지사에게 통지하여야 한다. 〈개정 2013. 3. 23.〉

⑤ 제4항에 따른 통지를 받은 시·도지사는 그 내용을 14일 이상 일반인이 열람할 수 있게 하여야 한다.

[전문개정 2011. 4. 14.]

제5조(자유무역지역의 지정 요건) 자유무역지역은 다음 각 호의 요건을 모두 갖춘 지역에 대하여 지정한다. 〈개정 2011. 8. 4., 2016. 3. 29.〉

1. 다음 각 목의 어느 하나에 해당하는 지역으로서 화물 처리능력 등 대통령령으로 정하는 기준에 적합할 것

가. 「산업입지 및 개발에 관한 법률」 제2조제8호에 따른 산업단지

나. 「공항시설법」 제2조제3호에 따른 공항 및 배후지(背後地)

다. 「물류시설의 개발 및 운영에 관한 법률」 제2조제2호 및 제6호에 따른 물류터미널 및 물류단지

라. 「항만법」 제2조제1호에 따른 항만 및 배후지

2. 도로 등 사회간접자본시설이 충분히 확보되어 있거나 확보될 수 있을 것

3. 물품의 반입·반출을 효율적으로 관리하기 위하여 필요한 시설로서 대통령령으로 정하는 시설(이하 "통제시설"이라 한다)이 설치되어 있거나 통제시설의 설치계획이 확정되어 있을 것

[전문개정 2011. 4. 14.]

제6조(자유무역지역의 변경 등) ① 제4조제1항에 따라 자유무역지역

의 지정을 요청한 중앙행정기관의 장 또는 시·도지사는 자유무역지역의 운영을 위하여 필요한 경우에는 산업통상자원부장관에게 그 자유무역지역의 위치·경계 또는 면적의 변경을 요청할 수 있다. 〈개정 2013. 3. 23.〉

② 산업통상자원부장관은 자유무역지역의 지정 사유가 없어졌다고 인정하거나 관계 중앙행정기관의 장 또는 시·도지사로부터 지정해제 요청을 받은 경우에는 자유무역지역의 지정을 해제할 수 있다. 〈개정 2013. 3. 23.〉

③ 제1항 또는 제2항에 따른 자유무역지역의 변경 또는 지정해제에 관하여는 제4조제3항 본문 및 같은 조 제4항·제5항을 준용한다. 다만, 자유무역지역을 변경하는 경우로서 면적의 일부 변경 등 대통령령으로 정하는 경미한 사항의 변경에 관하여는 제4조제3항 본문을 준용하지 아니한다.

[전문개정 2011. 4. 14.]

제7조(자유무역지역 예정지역의 지정 등) ① 산업통상자원부장관은 중앙행정기관의 장 또는 시·도지사의 요청에 따라 제5조제1호 각 목의 어느 하나에 해당하는 지역(그 예정지를 포함한다)을 자유무역지역 예정지역(이하 "예정지역"이라 한다)으로 지정할 수 있다. 〈개정 2013. 3. 23.〉

② 제1항에 따라 예정지역의 지정을 요청한 중앙행정기관의 장 또는 시·도지사는 필요한 경우 산업통상자원부장관에게 그 예정지역의 위치·경계 또는 면적의 변경을 요청할 수 있다. 〈개정 2013. 3. 23.〉

③ 예정지역의 지정기간은 3년 이내로 한다. 다만, 산업통상자원부장관은 해당 예정지역에 대한 개발계획의 변경 등으로 지정기간의 연장이 불가피하다고 인정하는 경우에는 3년의 범위에서 지정기간을 연장할 수 있다. 〈개정 2013. 3. 23.〉

④ 산업통상자원부장관은 예정지역의 지정기간이 만료되기 전에 자유무역지역으로 지정할 것인지 여부를 결정하여야 한다. 〈개정 2013. 3. 23.〉

⑤ 산업통상자원부장관은 제4항에 따라 자유무역지역으로 지정하지 아니하기로 결정한 경우에는 그 예정지역의 지정을 즉시 해제하여야 한다. 〈개정 2013. 3. 23.〉

⑥ 예정지역의 지정·변경 또는 지정해제에 관하여는 제4조를 준용한다. 다만, 예정지역을 변경하는 경우로서 면적의 일부 변경 등 대통령령으로 정하는 경미한 사항의 변경에 관하여는 제4조제3항 본문을 준용하지 아니한다.

[전문개정 2011. 4. 14.]

제3장 자유무역지역의 관리 및 입주

제8조(관리권자) ① 자유무역지역의 구분별 관리권자(이하 "관리권자"라 한다)는 다음 각 호와 같다. 〈개정 2013. 3. 23.〉

1. 제5조제1호가목에 따른 산업단지: 산업통상자원부장관
2. 제5조제1호나목에 따른 공항 및 배후지: 국토교통부장관
3. 제5조제1호다목에 따른 물류터미널 및 물류단지: 국토교통부장관

4. 제5조제1호라목에 따른 항만 및 배후지: 해양수산부장관

② 관리권자는 자유무역지역의 관리에 관한 다음 각 호의 업무를 수행한다.

1. 입주기업체 및 지원업체의 사업활동 지원

2. 공공시설의 유지 및 관리

3. 각종 지원시설의 설치 및 운영

4. 그 밖에 자유무역지역의 관리 또는 운영에 관한 업무

[전문개정 2011. 4. 14.]

제9조(자유무역지역의 구분) 관리권자는 관리업무를 효율적으로 운영하기 위하여 자유무역지역을 그 기능 및 특성에 따라 생산시설지구, 지식서비스시설지구, 물류시설지구, 지원시설지구, 그 밖에 대통령령으로 정하는 지구로 구분할 수 있다.

[전문개정 2011. 4. 14.]

제10조(입주 자격) ① 자유무역지역에 입주할 수 있는 자는 다음 각 호의 어느 하나에 해당하는 자로 한다. 〈개정 2018. 4. 17., 2021. 6. 15.〉

1. 수출을 주목적으로 하는 제조업종의 사업을 하려는 자로서 수출 비중 등이 대통령령으로 정하는 기준을 충족하는 자. 이 경우 「수출용 원재료에 대한 관세 등 환급에 관한 특례법」 제3조에 따른 수출용원재료의 공급을 주목적으로 하는 제조업종의 사업을 하려는 자로서 해당 공급을 수출로 보아 그 수출 비중 등이 대통령령으로 정하는 기준을 충족하는 자를 포함한다.

1의2. 수출을 주목적으로 하려는 국내복귀기업(「해외진출기업의

국내복귀 지원에 관한 법률」 제7조에 따라 지원대상 국내복귀기업으로 선정된 기업을 말한다)으로서 복귀 이전 총매출액 대비 대한민국으로의 수출액을 제외한 매출액의 비중 등이 대통령령으로 정하는 기준을 충족하는 자

2. 제조업종 또는 지식서비스산업에 해당하는 업종(제4호부터 제6호까지의 규정에 해당하는 업종은 제외한다)의 사업을 하려는 외국인투자기업으로서 외국인투자비중 및 수출비중 등이 대통령령으로 정하는 기준을 충족하는 자. 다만, 국내 산업구조의 고도화와 국제경쟁력 강화를 위하여 대통령령으로 정하는 업종에 해당하는 외국인투자기업에 대하여는 수출비중을 적용하지 아니한다.

3. 지식서비스산업에 해당하는 업종(제4호부터 제6호까지의 규정에 해당하는 업종은 제외한다)의 사업을 하려는 자로서 수출비중 등이 대통령령으로 정하는 기준을 충족하는 자

4. 수출입거래를 주목적으로 하는 도매업종의 사업을 하려는 자로서 수출입거래 비중 등이 대통령령으로 정하는 기준을 충족하는 자

5. 물품의 하역·운송·보관·전시 또는 그 밖에 대통령령으로 정하는 사업을 하려는 자

6. 입주기업체의 사업을 지원하는 업종으로서 대통령령으로 정하는 업종의 사업을 하려는 자

7. 대통령령으로 정하는 공공기관

8. 국가기관

② 관리권자는 제조업 또는 지식서비스산업에 해당하는 업종의 사업을 하려는 자가 제1항제1호 또는 제3호의 요건을 갖추지 아니한

경우에도 국제물류의 원활화와 지역개발 및 수출촉진 등을 위하여 필요하다고 인정하여 산업통상자원부령으로 정하는 경우에는 산업통상자원부장관과 협의를 거쳐 자유무역지역에 입주하게 할 수 있다. 〈개정 2013. 3. 23.〉

[전문개정 2011. 4. 14.]

제10조의2(입주제한 업종) 관리권자는 자유무역지역에 입주하려는 자가 제10조에 따라 입주 자격을 갖춘 경우에도 「관세법」 제73조에 따라 국내외 가격차에 상당하는 율로 양허(讓許)한 농림축산물(이하 "양허관세품목"이라 한다)을 원재료로 하는 물품을 제조·가공하는 업종의 사업을 하려는 자의 입주를 제한하여야 한다. 다만, 원재료 및 원재료를 제조·가공한 물품을 전량 국외로 반출하는 경우에는 입주를 제한하지 아니할 수 있다.

[본조신설 2021. 6. 15.]

제11조(입주계약) ① 자유무역지역에 입주하여 사업을 하려는 자는 관리권자와 그 입주에 관한 계약(이하 "입주계약"이라 한다)을 체결하여야 한다. 입주계약을 변경하려는 경우에도 또한 같다. 〈개정 2016. 1. 27.〉

② 제1항에 따른 입주계약을 체결할 때에 관리권자는 다음 각 호의 어느 하나에 해당하는 자와 우선적으로 입주계약을 체결할 수 있다. 〈개정 2016. 1. 27., 2021. 12. 28.〉

1. 외국인투자기업

2. 「조세특례제한법」 제121조의2제1항제1호에 따른 국내산업구조의 고도화와 국제경쟁력 강화에 긴요한 신성장동력산업 기술을 수반

하는 사업을 하는 자

3. 수출을 주목적으로 하는 사업을 하려는 자

③ 관리권자는 제1항에 따라 입주계약을 체결하는 경우에는 입주 목적 달성을 위하여 필요한 조건을 붙일 수 있다. 그 조건은 공공의 이익을 증진하기 위하여 필요한 최소한도에 한하여야 하며, 부당한 의무를 부과하여서는 아니 된다. 〈개정 2016. 1. 27.〉

④ 제1항에 따른 입주계약을 체결할 때 농림축산물을 원재료로 하는 제조업종·가공업종의 사업을 하려는 자는 다음 각 호의 물품 관리체계를 갖추고 그 자유무역지역을 관할하는 세관장과 사전 협의를 하여야 한다. 〈신설 2021. 6. 15.〉

1. 물품의 반출입 및 재고관리 전산시스템 구축

2. 「관세법」 제165조에 따른 보세사 채용

3. 원재료의 수량을 객관적으로 계산할 수 있는 증빙자료 제출

⑤ 제1항에 따른 입주계약 및 계약의 변경에 필요한 사항은 대통령령으로 정한다. 〈개정 2016. 1. 27., 2021. 6. 15.〉

[전문개정 2011. 4. 14.]

[제목개정 2016. 1. 27.]

제12조(결격사유) 다음 각 호의 어느 하나에 해당하는 자는 제11조 제1항에 따른 입주계약을 체결할 수 없다. 〈개정 2014. 1. 21., 2016. 1. 27., 2021. 12. 28.〉

1. 피성년후견인

2. 삭제 〈2016. 1. 27.〉

3. 이 법 또는 「관세법」을 위반하여 징역형의 실형을 선고받고 그

집행이 끝나거나(집행이 끝난 것으로 보는 경우를 포함한다) 집행이 면제된 날부터 2년이 지나지 아니한 사람

4. 이 법 또는 「관세법」을 위반하여 징역형의 집행유예를 선고받고 그 유예기간 중에 있는 사람

5. 제56조, 제57조, 제59조부터 제61조까지, 「관세법」 제269조부터 제271조까지 또는 같은 법 제274조에 따라 벌금형 또는 통고처분을 받은 자로서 그 벌금형 또는 통고처분을 이행한 후 2년이 지나지 아니한 자. 다만, 제68조, 「관세법」 제279조에 따라 처벌된 법인 또는 개인은 제외한다.

6. 관세 또는 내국세를 체납한 자

7. 제1호 및 제3호부터 제6호까지의 규정에 해당하는 사람을 임원(해당 법인의 자유무역지역의 운영업무를 직접 담당하거나 이를 감독하는 사람으로 한정한다)으로 하는 법인

8. 제15조제1항 또는 제2항에 따라 입주계약이 해지(이 조 제1호에 해당하여 입주계약이 해지된 경우는 제외한다)된 후 2년이 지나지 아니한 자

[전문개정 2011. 4. 14.]

제13조 삭제 〈2016. 1. 27.〉

제14조(공장설립등의 완료신고 등) ① 자유무역지역에 입주하려는 자가 제11조제1항에 따른 입주계약을 체결한 경우에는 「산업집적활성화 및 공장설립에 관한 법률」 제13조에 따른 공장의 신설·증설 또는 업종변경(이하 이 조에서 "공장설립등"이라 한다)의 승인 및 같은 법 제20조에 따른 공장의 신설·증설·이전 또는 업종변경의

승인을 받은 것으로 본다. 〈개정 2016. 1. 27.〉

② 입주기업체에 대하여 공장설립등의 완료신고, 공장의 등록, 공장등록의 증명, 공장의 등록취소 및 과태료 등 「산업집적활성화 및 공장설립에 관한 법률」 제11조제2항, 제15조제1항, 제16조제1항·제3항·제4항·제6항부터 제10항까지, 제17조, 제55조제2항제1호·제3호·제5호·제6호 및 제55조제3항을 적용할 때에는 "입주기업체"는 이 법에 따른 "입주기업체"로, "입주계약"은 이 법에 따른 "입주계약"으로, "관리기관" 및 "시장·군수 또는 구청장"은 각각 "관리권자"로 본다. 〈개정 2016. 1. 27.〉

③ 제조업 외의 업종에 대한 기준건축면적률의 적용에 관하여는 「산업집적활성화 및 공장설립에 관한 법률」 제12조를 준용한다. 이 경우 "제33조제6항에 따른 산업시설구역"은 "자유무역지역"으로 본다.

④ 제11조에 따라 입주계약을 체결한 자가 제조업종 외의 사업을 하기 위하여 입주계약을 체결한 바에 따라 시설을 설치한 경우에는 제3항에 따른 기준건축면적률에 적합하도록 요건을 갖추어 대통령령으로 정하는 바에 따라 관리권자에게 미리 사업개시의 신고를 하여야 한다. 변경계약을 체결한 자의 경우에도 또한 같다. 〈개정 2016. 1. 27.〉

⑤ 관리권자는 제4항에 따른 신고를 받은 경우 그 내용을 검토하여 이 법에 적합하면 신고를 수리하여야 한다. 〈신설 2021. 12. 28.〉

[전문개정 2011. 4. 14.]

제15조(입주계약의 해지 등) ① 관리권자는 입주기업체 또는 지원업체(이하 "입주기업체등"이라 한다)가 부정한 방법으로 입주계약을 체결한 경우에는 입주계약을 해지하여야 한다. 〈개정 2016. 1. 27.〉

② 관리권자는 입주기업체등이 다음 각 호의 어느 하나에 해당하는 경우에는 입주계약을 해지할 수 있다. 다만, 제1호 및 제3호의 경우 관리권자가 시정을 명한 후 산업통상자원부령으로 정하는 기간 이내에 입주기업체등이 이를 이행하는 때에는 그러하지 아니하다. 〈개정 2013. 3. 23., 2016. 1. 27.〉

1. 제10조에 따른 입주 자격을 상실한 경우

2. 제11조제1항에 따른 입주계약을 체결한 사업 외의 사업을 한 경우

3. 제11조제3항에 따른 입주계약을 체결할 때 부여된 조건을 이행하지 아니한 경우

4. 제12조에 따른 결격사유에 해당하게 된 경우(법인의 임원 중 제12조제1호·제3호부터 제6호까지의 규정에 해당하는 사람이 있는 경우 3개월 이내에 교체하여 임명하는 경우는 제외한다)

5. 삭제 〈2016. 1. 27.〉

6. 폐업한 경우

③ 제1항이나 제2항에 따라 입주계약이 해지된 자는 그 해지 당시의 수출 또는 수입 계약에 대한 이행업무 및 산업통상자원부령으로 정하는 잔무 처리업무를 제외하고는 그 사업을 즉시 중지하여야 한다. 〈개정 2013. 3. 23., 2016. 1. 27.〉

④ 제1항이나 제2항에 따라 입주계약이 해지된 자는 외국물품,

자유무역지역 안으로 반입신고를 한 제29조제1항제2호·제3호의 물품, 「수출용원재료에 대한 관세 등 환급에 관한 특례법」 제4조제3호에 따라 관세영역에서 자유무역지역 안으로 공급한 물품(이하 "외국물품등"이라 한다)의 종류 및 수량 등을 고려하여 6개월의 범위에서 그 자유무역지역을 관할하는 세관장(이하 "세관장"이라 한다)이 정하는 기간 이내에 잔여 외국물품등을 자유무역지역 밖으로 반출하거나 다른 입주기업체에 양도하여야 한다. 〈개정 2016. 1. 27.〉

⑤ 제1항이나 제2항에 따라 입주계약이 해지된 자는 자유무역지역에 소유하는 토지나 공장·건축물 또는 그 밖의 시설(이하 "공장등"이라 한다)을 대통령령으로 정하는 바에 따라 다른 입주기업체나 입주 자격이 있는 제3자에게 양도하여야 한다. 〈개정 2016. 1. 27.〉

⑥ 다음 각 호의 어느 하나에 해당하는 경우 제25조제1항·제2항 및 같은 조 제5항에 따라 해당 토지 또는 공장등을 처분하여야 한다. 〈개정 2016. 1. 27.〉

1. 제5항에 따라 양도되지 아니한 토지 또는 공장등을 처분하는 경우
2. 제14조제2항에 따른 공장설립등의 완료신고 전에 입주계약이 해지된 경우
3. 제14조제4항 전단에 따른 사업개시의 신고 전에 입주계약이 해지된 경우

⑦ 제4항에 따라 자유무역지역 밖으로 반출되거나 다른 입주기업체에 양도되지 아니한 외국물품등의 처리에 관하여는 「관세법」 제

208조부터 제212조까지의 규정을 준용한다. 〈신설 2021. 6. 15.〉

[전문개정 2011. 4. 14.]

[제목개정 2016. 1. 27.]

제16조(입주계약 체결 등의 통보) 관리권자는 제11조제1항에 따라 입주계약(변경계약을 포함한다)을 체결하거나 제15조제1항 또는 제2항에 따라 입주계약을 해지한 경우에는 대통령령으로 정하는 바에 따라 세관장에게 통보하여야 한다. 〈개정 2016. 1. 27.〉

[전문개정 2011. 4. 14.]

[제목개정 2016. 1. 27.]

제16조의2(입주기업체관리부호의 발급) 자유무역지역에서 외국물품등을 보관하거나 외국물품등의 전부 또는 일부를 원재료로 하여 물품을 제조 · 가공 · 조립 · 보수하는 등 외국물품등을 취급하려는 자는 관세청장이 정하는 바에 따라 세관장에게 입주기업체관리부호(입주기업체의 관리를 위하여 부여하는 번호를 말한다)를 발급받아야 한다.

[본조신설 2021. 12. 28.]

제17조(국유의 토지 또는 공장등의 임대 및 매각) ① 관리권자는 자유무역지역 및 예정지역에 있는 국가가 소유하는 토지 또는 공장등에 대하여 그 중앙관서의 장으로부터 관리전환을 받거나 기획재정부장관의 관리 · 처분에 관한 지정을 받아 대통령령으로 정하는 바에 따라 입주기업체등에 임대하거나 매각할 수 있다.

② 관리권자가 제1항에 따라 입주기업체등에 토지 또는 공장등을 임대하거나 매각하는 경우 그 임대료 또는 매각가격은 「국유재산법」 제32조제1항 · 제44조 및 제47조에도 불구하고 관리권자가 기획재

정부장관과 협의하여 정한 후 공고하는 바에 따른다. 이 경우 필요하면 그 가격을 외화(外貨)로 표시할 수 있다.

③ 관리권자가 제1항에 따라 입주기업체에 대하여 국가가 소유하는 토지 또는 공장등을 임대하는 경우 그 임대기간은 「국유재산법」 제35조제1항 및 제46조제1항에도 불구하고 50년 이내로 할 수 있다. 다만, 관리권자가 필요하다고 인정하는 경우에는 50년의 범위에서 그 기간을 갱신할 수 있다.

④ 관리권자가 제1항에 따라 지원업체에 대하여 국가가 소유하는 토지 또는 공장등을 임대하는 경우 그 임대기간은 「국유재산법」 제35조제1항 및 제46조제1항에도 불구하고 10년 이내로 할 수 있다. 다만, 관리권자가 필요하다고 인정하는 경우에는 10년의 범위에서 그 기간을 갱신할 수 있다.

[전문개정 2011. 4. 14.]

제18조(공유의 토지 또는 공장등의 임대 및 매각) ① 지방자치단체의 장은 자유무역지역 및 예정지역에 있는 지방자치단체가 소유하는 토지 또는 공장등을 관리권자와 협의를 거쳐 입주기업체등에 임대하거나 매각할 수 있다.

② 지방자치단체의 장이 제1항에 따라 임대하거나 매각하는 토지 또는 공장등의 임대료 또는 매각가격은 「공유재산 및 물품 관리법」 제22조부터 제24조까지, 제30조 및 제32조부터 제34조까지의 규정에도 불구하고 조례로 정하는 바에 따른다. 이 경우 필요하면 그 가격을 외화로 표시할 수 있다.

③ 지방자치단체의 장이 제1항에 따라 입주기업체에 대하여 지방

자치단체가 소유하는 토지 또는 공장등을 임대하는 경우 그 임대기간은 「공유재산 및 물품 관리법」 제21조 및 제31조에도 불구하고 50년 이내로 할 수 있다. 다만, 지방자치단체의 장이 필요하다고 인정하는 경우에는 50년의 범위에서 그 기간을 갱신할 수 있다.

④ 지방자치단체의 장이 제1항에 따라 지원업체에 대하여 지방자치단체가 소유하는 토지 또는 공장등을 임대하는 경우 그 임대기간은 「공유재산 및 물품 관리법」 제21조 및 제31조에도 불구하고 10년 이내로 할 수 있다. 다만, 지방자치단체의 장이 필요하다고 인정하는 경우에는 10년의 범위에서 그 기간을 갱신할 수 있다.

[전문개정 2011. 4. 14.]

제19조(토지 또는 공장등 매입대금의 납부연기 및 분할납부) ① 관리권자는 자유무역지역에 있는 국가가 소유하는 토지 또는 공장등을 매각할 때에 매입자가 매입대금을 한꺼번에 내는 것이 곤란하다고 인정하는 경우에는 「국유재산법」 제50조에도 불구하고 대통령령으로 정하는 바에 따라 납부기한을 연장하거나 분할납부하게 할 수 있다.

② 지방자치단체의 장은 자유무역지역에 있는 지방자치단체가 소유하는 토지 또는 공장등을 매각할 때에 매입자가 매입대금을 한꺼번에 내는 것이 곤란하다고 인정하는 경우에는 「공유재산 및 물품 관리법」 제37조에도 불구하고 조례로 정하는 바에 따라 납부기한을 연장하거나 분할납부하게 할 수 있다.

[전문개정 2011. 4. 14.]

제20조(임대료의 감면 등) ① 관리권자 또는 지방자치단체의 장은

자유무역지역에 입주한 비수도권 국내복귀기업(「외국인투자 촉진법」 제2조제9호의2에 따른 비수도권 국내복귀기업을 말한다. 이하 이 조에서 같다) 또는 외국인투자기업을 「외국인투자 촉진법」 제18조에 따른 외국인투자지역에 입주한 비수도권 국내복귀기업 또는 외국인투자기업으로 보아 같은 법 제13조의2제1항 또는 제3항에 따라 임대료를 감면할 수 있다. 〈개정 2016. 1. 27., 2021. 12. 28.〉

② 관리권자 또는 지방자치단체의 장은 「조세특례제한법」 제121조의2제1항제1호에 따른 국내산업구조의 고도화와 국제경쟁력 강화에 긴요한 신성장동력산업 기술을 수반하는 사업을 하는 외국인투자기업에 대하여는 제1항에 따른 감면 외에 추가로 임대료를 감면할 수 있다. 〈개정 2021. 12. 28.〉

[전문개정 2011. 4. 14.]

제21조(임대료 등의 독촉 및 체납처분) ① 관리권자는 제17조제1항에 따라 토지 또는 공장등을 임차한 입주기업체등이 임대료를 기한까지 내지 아니하면 대통령령으로 정하는 기간을 넘지 아니하는 기한을 정하여 독촉을 하고, 독촉한 기한까지 임대료를 내지 아니하면 그 임대계약을 해지하거나 국세 체납처분의 예에 따라 임대료를 징수할 수 있다.

② 제18조제1항에 따라 임대한 토지 또는 공장등의 임대료의 독촉 등에 관하여는 제1항을 준용한다. 이 경우 “국세 체납처분의 예”는 “지방세 체납처분의 예”로 본다.

[전문개정 2011. 4. 14.]

제22조(영구시설물등의 축조) ① 제17조제1항에 따라 국가가 소유

하는 토지를 임차한 자로서 다음 각 호의 어느 하나에 해당하는 조건으로 토지를 임차한 자는 「국유재산법」 제18조에도 불구하고 그 토지 위에 공장이나 그 밖의 영구시설물(이하 이 조에서 "영구시설물등"이라 한다)을 축조할 수 있다.

1. 임대기간이 끝나는 때에 영구시설물등을 국가에 기부하는 조건으로 토지를 임차한 자

2. 임대기간이 끝나는 때에 원상으로 회복하여 반환하는 조건으로 토지를 임차한 자

② 제18조제1항에 따라 지방자치단체가 소유하는 토지를 임차한 자로서 제1항 각 호의 어느 하나에 해당하는 조건으로 토지를 임차한 자는 「공유재산 및 물품 관리법」 제13조에도 불구하고 그 토지 위에 영구시설물등을 축조할 수 있다.

[전문개정 2011. 4. 14.]

제23조(공장등의 건축 등에 관한 특례) ① 이 법을 적용할 때 공장등을 건축하는 자는 입주기업체가 사용할 공장등을 건축하는 계약을 체결한 경우에 그 계약의 이행에 필요한 범위에서 그 공장등을 입주기업체에 인도할 때까지는 입주기업체로 본다.

② 이 법을 적용할 때 공장등과 기계ㆍ기구 등의 설비를 임대 또는 분양하는 자는 이를 입주기업체에 임대 또는 분양하는 경우에 그 임대 또는 분양이 완료될 때까지는 입주기업체로 본다.

③ 자유무역지역에서 공장등을 건축하는 경우에 「건축법」을 적용할 때에는 "특별시장ㆍ광역시장ㆍ특별자치시장ㆍ도지사ㆍ특별자치도지사" 또는 "시장ㆍ군수ㆍ구청장"을 각각 "관리권자"로 본다. 〈개정

2016. 1. 27.〉

④ 관리권자는 다음 각 호에 해당하는 경우에는 「부동산 거래신고 등에 관한 법률」 제3조제1항 및 제8조제3항에도 불구하고 외국인투자기업을 대신하여 그 신고를 대행할 수 있다. 〈개정 2016. 1. 19., 2016. 1. 27.〉

1. 외국인투자기업이 자유무역지역 안의 토지를 취득하는 계약을 체결한 경우

2. 자유무역지역 안의 토지를 가지고 있는 대한민국국민이나 대한민국의 법령에 따라 설립된 법인 또는 단체가 외국인투자기업으로 변경된 때 그 외국인투자기업이 해당 토지를 계속 보유하려는 경우

[전문개정 2011. 4. 14.]

제24조 삭제 〈2016. 1. 27.〉

제25조(토지 또는 공장등의 처분제한) ① 입주기업체등은 제14조제2항에 따른 공장설립등의 완료신고 전 또는 같은 조 제4항 전단에 따른 사업개시의 신고 전에 제17조제1항, 제18조제1항 또는 이 조 제2항에 따라 취득한 토지(이 조 제6항에 따라 분할된 토지를 포함한다) 또는 공장등을 처분하려는 경우에는 이를 관리권자에게 양도하여야 한다.

② 관리권자가 제1항에 따른 토지 또는 공장등을 양수하기 곤란하다고 인정하는 경우에는 대통령령으로 정하는 바에 따라 입주기업체등으로 하여금 관리권자가 선정한 다른 입주기업체등이나 입주 자격이 있는 제3자에게 이를 양도하게 할 수 있다.

③ 입주기업체등이 제14조제2항에 따른 공장설립등의 완료신고

후 또는 같은 조 제4항 전단에 따른 사업개시의 신고 후에 제17조제1항 또는 제18조제1항에 따라 취득한 토지 또는 공장등을 양도 또는 임대[전대(轉貸)를 포함한다. 이하 같다]하거나 이를 타인으로 하여금 사용하게 하는 경우 그 계약 당사자는 입주기업체등이나 입주 자격이 있는 제3자로 한정한다.

④ 제3항의 경우에 국가 또는 지방자치단체가 소유하는 토지 위에 건축한 공장등을 양도 또는 임대하거나 이를 타인으로 하여금 사용하게 할 때에는 관리권자에게 그 사실을 신고하여야 한다.

⑤ 제1항 및 제2항에 따른 토지의 양도가격은 그가 취득한 가격에 대통령령으로 정하는 이자 및 비용을 합산한 금액으로 하고, 공장등의 양도가격은 「감정평가 및 감정평가사에 관한 법률」에 따른 감정평가법인등의 시가감정액을 고려하여 결정할 수 있다. 다만, 입주기업체등이 요청한 경우 토지의 양도가격은 그가 취득한 가격에 대통령령으로 정하는 이자 및 비용을 합산한 금액 이하로 할 수 있다. 〈개정 2016. 1. 19., 2020. 4. 7.〉

⑥ 입주기업체등이 소유하고 있는 토지를 분할하려는 경우에는 미리 관리권자와 협의하여 산업통상자원부령으로 정하는 면적 이상으로 분할하여야 한다. 〈개정 2013. 3. 23.〉

⑦ 세관장은 입주기업체가 외국물품등을 사용하여 건축한 공장등을 공장등의 완료신고 또는 사업개시일부터 3년 이내에 지원업체에 임대·양도한 경우에는 입주기업체로부터 면제되었거나 환급된 관세등을 즉시 징수하여야 한다. 다만, 대통령령으로 정하는 바에 따라 세관장의 허가를 받아 공장등의 일부를 지원업체에 임대한 경우는

제외한다. 〈신설 2016. 1. 27.〉

[전문개정 2011. 4. 14.]

제26조(경매 등에 의하여 취득한 토지 또는 공장등의 사용 등) ① 자유무역지역 안의 토지 또는 공장등을 경매나 그 밖에 법률에 따라 취득한 자는 다음 각 호에서 정하는 바에 따라 이를 처분 또는 사용하여야 한다. 〈개정 2016. 1. 27.〉

1. 대통령령으로 정하는 바에 따라 제11조에 따른 입주계약을 체결할 것. 다만, 입주기업체를 인수 또는 합병한 자가 입주 자격을 갖추고 당초 계약한 업종의 사업을 하는 경우에는 입주계약을 체결한 것으로 본다.

2. 제1호에 따라 입주계약을 체결(입주계약을 체결한 것으로 보는 경우를 포함한다)하지 못한 경우에는 대통령령으로 정하는 바에 따라 다른 입주기업체나 입주 자격이 있는 제3자에게 양도할 것

3. 제2호에 따라 양도가 이루어지지 아니하는 경우에는 관리권자에게 양도할 것

② 제1항제3호에 따라 관리권자에게 양도하는 경우의 양도가격에 관하여는 제25조제5항을 준용한다.

[전문개정 2011. 4. 14.]

제27조(통제시설의 설치 등) ① 관리권자는 관세청장과 협의를 거쳐 자유무역지역에 통제시설을 설치하고, 그 운영시기를 공고하여야 한다.

② 관리권자는 통제시설을 유지·관리하여야 한다.

③ 관세청장은 통제시설의 보수 또는 확충이 필요하다고 인정할 때에는 관리권자에게 통제시설의 보수 또는 확충을 요청할 수 있다.

이 경우 관리권자는 특별한 사유가 없으면 그 요청에 따라야 한다.

④ 관리권자는 자유무역지역을 출입하는 사람 및 자동차에 대한 기록을 산업통상자원부령으로 정하는 방법으로 관리하여야 하며, 세관장이 출입기록을 요청하는 경우 특별한 사유가 없으면 이에 따라야 한다. 〈신설 2016. 1. 27.〉

[전문개정 2011. 4. 14.]

제28조(공동시설의 유지비) ① 관리권자는 자유무역지역 안의 공동시설 중 산업통상자원부령으로 정하는 시설의 관리·운영에 필요한 비용(이하 이 조에서 "유지비"라 한다)을 입주기업체등으로부터 받을 수 있다. 〈개정 2013. 3. 23.〉

② 유지비의 부담에 관한 기준·방법과 그 밖에 필요한 사항은 대통령령으로 정한다.

③ 유지비의 독촉 및 체납처분에 관하여는 제21조제1항을 준용한다.

[전문개정 2011. 4. 14.]

제28조의2(자유무역지역 운영지침 등) ① 산업통상자원부장관은 대통령령으로 정하는 바에 따라 자유무역지역 운영지침을 수립하여 관보에 고시하여야 한다. 이를 변경하는 경우에도 또한 같다. 〈개정 2013. 3. 23.〉

② 관리권자는 자유무역지역을 효율적으로 관리하기 위하여 필요한 경우에는 자유무역지역별로 제8조제2항 각 호에 따른 업무가 포함된 입주관리 요령을 공고할 수 있다. 이를 변경하는 경우에도 또한 같다.

③ 제2항에 따라 공고하려는 입주관리 요령이 지방자치단체가 소유하는 토지 또는 공장등과 관계되는 경우 관리권자는 해당 지방자치단체의 장과 협의하여야 한다.

[본조신설 2011. 4. 14.]

제4장 물품의 반입·반출 및 관리 등

제29조(물품의 반입 또는 수입) ① 다음 각 호의 어느 하나에 해당하는 물품을 자유무역지역 안으로 반입하려는 자는 관세청장이 정하는 바에 따라 세관장에게 반입신고를 하여야 한다. 〈개정 2016. 1. 27., 2021. 6. 15.〉

1. 외국물품. 다만, 「관세법」 제241조에 따른 수출신고(이하 "수출신고"라 한다)가 수리된 물품으로서 관세청장이 정하는 자료를 제출하는 물품은 제외한다.

가. 삭제 〈2021. 6. 15.〉

나. 삭제 〈2021. 6. 15.〉

2. 입주기업체가 자유무역지역에서 사용 또는 소비하려는 내국물품 중 제45조제1항 및 제2항의 적용을 받으려는 물품으로서 다음 각 목의 어느 하나에 해당하는 물품

가. 기계, 기구, 설비 및 장비와 그 부분품

나. 원재료, 윤활유, 사무용컴퓨터 및 건축자재

다. 그 밖에 사업목적을 달성하는 데에 필요하다고 인정하여 관세청장이 정하는 물품

3. 「부가가치세법」 제52조제1항제1호에 해당하는 자(이하 "비거

주자등"이라 한다)가 국외반출을 목적으로 자유무역지역에 보관하려는 내국물품 중 제45조제2항의 적용을 받으려는 물품으로서 다음 각 목의 요건을 모두 갖춘 물품

가. 국내사업자와 직접 계약에 따라 공급받을 것

나. 대금은 외국환은행을 통하여 원화로 지급할 것

다. 비거주자등이 지정하는 입주기업체에게 인도할 것

② 세관장은 제1항에 따른 신고를 받은 경우 그 내용을 검토하여 이 법에 적합하면 신고를 수리하여야 한다. 〈신설 2021. 12. 28.〉

③ 세관장은 반입신고를 하지 아니하고 자유무역지역 안으로 반입된 내국물품에 대하여 그 물품을 반입한 자가 신청한 경우에는 내국물품 확인서를 발급할 수 있다. 이 경우 내국물품 확인서의 발급절차와 그 밖에 필요한 사항은 관세청장이 정하여 고시한다. 〈개정 2021. 12. 28.〉

④ 제1항에도 불구하고 다음 각 호의 어느 하나에 해당하는 경우 그 반입을 하려는 자는 「관세법」 제241조에 따른 수입 신고(이하 "수입신고"라 한다)를 하고 관세등을 내야 한다. 〈개정 2021. 12. 28.〉

1. 입주기업체 외의 자가 외국물품을 자유무역지역 안으로 반입하려는 경우

2. 제10조제1항제1호부터 제3호까지 및 같은 조 제2항에 따른 입주 자격을 갖춘 입주기업체가 자유무역지역에서 사용 또는 소비하기 위하여 외국물품을 자유무역지역 안으로 반입하려는 경우. 다만, 다음 각 목의 어느 하나에 해당하는 외국물품을 반입하는 경우는 제외한다.

가. 기계, 기구, 설비 및 장비와 그 부분품

나. 원재료(입주기업체가 수입신고하려는 원재료는 제외한다), 윤활유, 사무용컴퓨터 및 건축자재

다. 그 밖에 사업목적을 달성하는 데에 필요하다고 인정하여 관세청장이 정하는 물품

3. 제10조제1항제4호 및 제5호에 따른 입주 자격을 갖춘 입주기업체가 자유무역지역에서 자기가 직접 사용 또는 소비하기 위하여 외국물품(제2호 각 목에 해당하는 물품 중 해당 사업목적을 달성하는 데에 필요한 물품은 제외한다)을 자유무역지역 안으로 반입하려는 경우

⑤ 다음 각 호의 어느 하나에 해당하는 경우 그 반출을 하려는 자는 수입신고를 하고 관세등을 내야 한다. 〈개정 2021. 12. 28.〉

1. 자유무역지역에서 외국물품등의 전부 또는 일부를 원재료로 하여 제조·가공·조립·보수 등의 과정을 거친 후 그 물품을 관세영역으로 반출하려는 경우

2. 외국물품등을 자유무역지역에서 그대로 관세영역으로 반출하려는 경우

⑥ 제5항에도 불구하고 제1항제3호의 내국물품은 자유무역지역에서 관세영역으로 반출해서는 아니 된다. 〈신설 2016. 1. 27., 2021. 12. 28.〉

⑦ 제10조의2 단서에 따라 전량 국외반출을 조건으로 반입한 원재료 및 원재료를 제조·가공한 물품은 자유무역지역에서 관세영역으로 반출해서는 아니 된다. 〈신설 2021. 6. 15., 2021. 12. 28.〉

[전문개정 2011. 4. 14.]

제29조의2(사용ㆍ소비 신고 등) 입주기업체가 자유무역지역에 반입된 외국물품 중 제29조제4항제2호 각 목에 해당하는 물품 등 대통령령으로 정하는 물품을 자유무역지역에서 사용 또는 소비하려는 경우에는 그 사용 또는 소비 전에 세관장에게 사용ㆍ소비 신고를 하여야 한다. 이 경우 세관공무원은 물품을 검사할 수 있다. 〈개정 2021. 12. 28.〉

[본조신설 2021. 6. 15.]

제30조(국외로의 반출 및 수출) ① 외국물품등을 자유무역지역에서 국외로 반출(외국 무역선 또는 외국 무역기에 대한 공급을 포함한다. 이하 같다)하려는 자는 대통령령으로 정하는 바에 따라 세관장에게 신고하여야 한다. 다만, 제29조제1항제1호에 해당하는 물품으로서 관세청장이 정하는 자료를 제출하는 물품에 대하여는 그러하지 아니하다. 〈개정 2021. 6. 15.〉

② 세관장은 제1항 본문에 따른 신고를 받은 경우 그 내용을 검토하여 이 법에 적합하면 신고를 수리하여야 한다. 〈신설 2021. 12. 28.〉

③ 제1항에 따른 국외 반출신고에 관하여는 「관세법」 제226조, 제241조제2항, 제242조, 제245조, 제246조제1항ㆍ제2항, 제247조제1항 단서, 제249조, 제250조제1항 본문ㆍ제2항ㆍ제3항 및 제251조를 준용한다. 이 경우 「관세법」 제226조제1항 중 "수출입"은 "국외 반출"로, 같은 조 제2항 중 "수출입물품"은 "국외 반출물품"으로, 같은 법 제242조 단서 및 제251조제1항ㆍ제2항 중 "수출신고"는

"국외 반출신고"로, 같은 법 제242조 단서 중 "수출물품"은 "국외 반출물품"으로, 같은 법 제245조제1항·제2항, 제246조제1항, 제247조제1항 단서, 제249조 및 제250조제2항·제3항 중 "수출"은 "국외 반출"로 본다. 〈개정 2016. 1. 27., 2021. 12. 28.〉

④ 외국물품등이 아닌 물품을 자유무역지역에서 국외로 반출하려는 자는 수출신고를 하여야 한다. 〈개정 2021. 12. 28.〉

[전문개정 2011. 4. 14.]

제31조(내국물품의 반출 확인) ① 외국물품등이 아닌 내국물품을 자유무역지역에서 관세영역으로 반출하려는 자는 내국물품 확인서, 세금계산서 등 내국물품으로 반입된 사실을 증명하는 서류(이하 "내국물품 반입증명서류"라 한다)를 세관장에게 제출하여야 한다. 다만, 출입 차량, 출입자의 휴대품 등 대통령령으로 정하는 물품에 대하여는 그러하지 아니하다.

② 제1항에 따라 내국물품을 반출하려는 자는 관세청장이 정하는 내국물품 반출목록신고서를 세관장에게 제출하는 것으로 내국물품 반입증명서류의 제출을 갈음할 수 있다. 다만, 세관장이 내국물품 반입증명서류의 제출을 요구하는 경우에는 이에 따라야 한다.

③ 제2항 본문의 경우 내국물품을 반출하려는 자는 같은 항에 따른 내국물품 반출목록신고서를 제출한 날부터 5년 이내의 범위에서 대통령령으로 정하는 기간 동안 내국물품 반입증명서류를 보관하여야 한다.

[전문개정 2011. 4. 14.]

제32조(수출입승인에 대한 특례 등) ① 「대외무역법」 제11조에 따라

수입 또는 수출이 제한된 물품(같은 법 제46조에 따라 조정명령을 받은 물품은 제외한다)을 자유무역지역 안으로 반입하거나 자유무역지역으로부터 외국으로 반출하려는 자는 산업통상자원부장관(제5조 제1호나목부터 라목까지의 규정에 해당하는 지역의 경우는 세관장으로 한다. 이하 이 조에서 같다)의 승인을 받아야 한다. 이 경우 산업통상자원부장관의 승인은 「대외무역법」에 따른 승인으로 본다. 〈개정 2013. 3. 23.〉

② 「대외무역법」 제12조에 따라 통합하여 공고되는 수출 · 수입요령에 해당되는 품목의 물품은 관계 행정기관이 정하여 고시하는 수출 · 수입요령에도 불구하고 자유무역지역 안으로 반입하거나 자유무역지역으로부터 외국으로 반출할 수 있다. 다만, 마약, 총기, 부패한 식품 등 해당 통합 공고에서 따로 정하는 수입제한 품목에 해당하는 물품은 그러하지 아니하다.

③ 제1항에 따른 물품을 관세영역으로 반출하려면 산업통상자원부장관의 승인을 받아야 한다. 이 경우 산업통상자원부장관의 승인은 「대외무역법」에 따른 승인으로 본다. 〈개정 2013. 3. 23.〉

④ 제2항에 따른 물품을 관세영역으로 반출할 때에는 「대외무역법」 제12조에 따른 통합 공고에서 정한 수출 · 수입요령에 따른다.

[전문개정 2011. 4. 14.]

第33조(외국물품등의 일시 반출) 입주기업체는 자유무역지역 안에 반입된 외국물품등을 물품의 수리(修理), 견본품의 전시, 시험검사 등의 목적으로 관세영역으로 일시 반출하려는 경우에는 반출 허용기간 등 대통령령으로 정하는 바에 따라 세관장의 허가를 받아야 한다.

[전문개정 2011. 4. 14.]

제34조(역외작업) ① 입주기업체는 외국물품등(외국으로부터 직접 반출장소에 반입하려는 물품을 포함한다)을 가공 또는 보수하기 위하여 관세영역으로 반출하려는 경우에는 그 가공 또는 보수 작업(이하 "역외작업"이라 한다)의 범위, 반출기간, 대상물품, 반출장소를 정하여 세관장에게 신고하여야 한다. 다만, 제10조의2 단서에 따른 입주기업체는 역외작업을 할 수 없다. 〈개정 2021. 6. 15.〉

② 세관장은 제1항에 따른 신고가 이 법에 적합하게 이루어졌을 때에는 이를 지체 없이 수리하여야 한다.

③ 역외작업의 범위, 반출기간, 대상물품 등에 관한 사항은 대통령령으로 정한다.

④ 역외작업의 신고 수리에 관하여는 「관세법」 제187조제5항 및 제7항을 준용한다. 이 경우 「관세법」 제187조제5항 및 제7항 중 "허가"는 "신고 수리"로, "보세공장"은 "자유무역지역"으로, "운영인"은 "입주기업체"로 본다. 〈개정 2021. 6. 15.〉

⑤ 제4항에 따라 준용되는 「관세법」 제187조제7항에 따라 관세등을 징수하는 물품에 대한 과세물건 확정의 시기는 제2항에 따른 신고 수리가 있은 때로 한다. 〈개정 2021. 6. 15.〉

[전문개정 2011. 4. 14.]

제35조(역외작업 물품의 반출신고 등) ① 입주기업체가 역외작업에 의하여 가공 또는 보수된 물품을 반출장소에서 반출장소 외의 관세영역으로 반출하려는 경우에는 제29조제5항을 준용한다. 〈개정 2021. 12. 28.〉

② 입주기업체가 역외작업에 의하여 가공 또는 보수된 물품을 반출장소에서 국외로 직접 반출하려는 경우에는 제30조제1항 및 제3항을 준용한다. 〈개정 2021. 12. 28.〉

③ 입주기업체가 역외작업의 공정에서 발생한 폐품을 처분하려는 경우에는 세관장에게 신고하여야 한다.

④ 세관장은 제3항에 따른 신고를 받은 경우 그 내용을 검토하여 이 법에 적합하면 신고를 수리하여야 한다. 〈신설 2021. 12. 28.〉

[전문개정 2011. 4. 14.]

제36조(보세운송) ① 외국물품등은 자유무역지역과 다른 자유무역지역 또는 「관세법」 제213조제1항 각 호의 장소 간에 한정하여 보세운송할 수 있다.

② 제1항에 따른 보세운송에 관하여는 「관세법」 제213조제2항부터 제5항까지 및 제214조부터 제220조까지의 규정을 준용한다. 이 경우 「관세법」 제213조제5항에 따라 준용되는 같은 법 제247조제2항의 "보세구역"은 "자유무역지역"으로 본다.

[전문개정 2011. 4. 14.]

제37조(물품의 반출 등) ① 제29조제1항에 따라 반입된 외국물품(수입신고가 수리된 물품을 포함한다)을 관세영역, 다른 자유무역지역 또는 동일 자유무역지역 내 다른 입주기업체로 반출하려는 자는 반출신고를 하여야 한다. 이 경우 반출신고에 관하여는 「관세법」 제157조를 준용한다. 〈신설 2021. 6. 15.〉

② 자유무역지역 중 공항 또는 항만으로서 관세청장이 지정하는 지역에 반입되어 수입신고되거나 장치(藏置)된 물품(제29조제4항제2

호 각 목의 어느 하나에 해당하는 물품으로서 입주기업체가 직접 사용·소비하는 것은 제외한다)의 반출, 장치기간, 매각 등에 관하여는 「관세법」 제157조의2·제177조제1항제1호 및 제208조부터 제212조까지의 규정을 준용한다. 이 경우 「관세법」 제157조의2 중 "보세구역"은 "자유무역지역"으로, 같은 법 제177조제1항 중 "특허보세구역" 또는 "보세창고"는 각각 "자유무역지역"으로 본다. 〈개정 2021. 6. 15., 2021. 12. 28.〉

③ 입주기업체는 제2항에 따른 지역 외의 지역에 반입한 날부터 1년 이내의 범위에서 관세청장이 정하는 기간이 지난 외국물품이 다음 각 호의 어느 하나에 해당하는 경우에는 관세청장이 정하여 고시하는 바에 따라 세관장에게 그 외국물품의 매각을 요청할 수 있다. 〈개정 2021. 6. 15., 2021. 12. 28.〉

1. 화주(貨主)가 분명하지 아니한 경우
2. 화주가 부도 또는 파산한 경우
3. 화주의 주소·거소 등 그 소재를 알 수 없는 경우
4. 화주가 수취를 거절하는 경우
5. 화주가 거절의 의사표시 없이 수취하지 아니하는 경우

④ 제3항에 따른 세관장의 외국물품의 매각에 관하여는 「관세법」 제208조부터 제212조까지의 규정을 준용하되, 같은 법 제208조제1항 중 "보세구역"은 "자유무역지역"으로, "장치기간이 지나면"은 "매각 요청을 접수하면"으로, 같은 조 제2항 중 "장치기간이 지난 물품" 및 제209조제1항 중 "외국물품"은 각각 "매각요청물품"으로 본다. 〈개정 2021. 6. 15., 2022. 12. 31.〉

[전문개정 2011. 4. 14.]

제38조(재고 기록 등) ① 입주기업체는 다음 각 호의 물품에 대하여 관세청장이 정하여 고시하는 바에 따라 그 품명, 규격, 수량, 가격, 보수작업의 내용 등 재고관리에 필요한 사항을 기록·관리하여야 한다. 다만, 관세청장이 정하여 고시하는 금액 이하의 물품 등 대통령령으로 정하는 물품에 대하여는 그러하지 아니하다.

1. 자유무역지역 안으로 반입한 물품
2. 자유무역지역에서 사용·소비하거나 생산한 물품
3. 자유무역지역으로부터 반출한 물품
4. 제3항에 따라 외국물품등을 폐기한 후에 남는 경제적 가치를 가진 물품

② 입주기업체는 제1항 각 호에 따른 물품이 제29조제1항제2호에 따른 내국물품에 해당하는 경우에는 그 물품에 대한 재고관리에 필요한 사항을 다른 물품과 구분하여 기록·관리하여야 한다.

③ 입주기업체는 외국물품등을 멸실·분실한 경우 또는 폐기하려는 경우에는 대통령령으로 정하는 바에 따라 세관장에게 신고하여야 한다.

④ 세관장은 제3항에 따른 신고를 받은 경우 그 내용을 검토하여 이 법에 적합하면 신고를 수리하여야 한다. 〈신설 2021. 12. 28.〉

⑤ 입주기업체는 제1항 또는 제2항에 따라 기록한 자료를 대통령령으로 정하는 기간 동안 보존하여야 한다. 〈개정 2021. 12. 28.〉

⑥ 입주기업체는 관세청장이 정하여 고시하는 기준에 따라 물품의 재고관리 체계를 갖춘 경우에는 제1항제1호 및 제2호의 물품을 분

할하거나 병합하는 등의 방식으로 관리할 수 있다. 〈신설 2021. 12. 28.〉

[전문개정 2011. 4. 14.]

제39조(입주기업체의 재고관리 상황의 조사 등) ① 세관장은 제38조에 따른 재고관리의 이행 여부를 확인하기 위하여 소속 공무원으로 하여금 입주기업체에 대하여 조사를 하게 할 수 있다. 이 경우 조사를 하는 공무원은 그 권한을 표시하는 증표를 지니고 이를 관계인에게 보여 주어야 한다.

② 세관장은 입주기업체에 대하여 제1항에 따른 조사에 필요한 회계장부, 원재료 및 제품의 관리대장, 그 밖에 필요한 자료의 제출을 요구할 수 있다.

③ 입주기업체는 정당한 사유 없이 제1항에 따른 조사를 거부·방해 또는 기피하거나 제2항에 따른 자료제출을 거부하여서는 아니 된다.

④ 세관장은 제1항에 따라 조사를 한 결과 외국물품등의 재고가 부족한 경우에는 대통령령으로 정하는 바에 따라 입주기업체로부터 그에 해당하는 관세등을 지체 없이 징수하여야 한다. 다만, 제38조 제3항에 따른 분실신고를 한 물품이 자유무역지역에 있는 것이 확인되는 경우 또는 재해나 그 밖의 부득이한 사유로 물품이 멸실된 경우에는 그러하지 아니하다.

⑤ 관리권자는 자유무역지역의 효율적인 관리·운영을 위하여 필요한 경우에는 대통령령으로 정하는 바에 따라 관세청장에게 입주기업체의 물품 반입·반출실적에 대한 자료의 제공을 요청할 수 있다.

〈신설 2016. 1. 27.〉

[전문개정 2011. 4. 14.]

제40조(물품의 폐기) ① 세관장은 자유무역지역에 있는 물품 중 다음 각 호의 어느 하나에 해당하는 물품에 대하여는 화주 및 반입자와 그 위임을 받은 자(이하 "화주등"이라 한다)에게 국외 반출 또는 폐기를 명하거나 화주등에게 미리 통보한 후 직접 이를 폐기할 수 있다. 다만, 화주등에게 통보할 시간적 여유가 없는 특별한 사정이 있을 때에는 그 물품을 폐기한 후 지체 없이 화주등에게 통보하여야 한다.

1. 사람의 생명이나 재산에 해를 끼칠 우려가 있는 물품
2. 부패 또는 변질된 물품
3. 유효기간이 지난 물품
4. 제1호부터 제3호까지의 규정에 준하는 물품으로서 관세청장이 정하여 고시하는 물품

② 세관장은 제1항에 따른 통보를 할 때에 화주등의 주소 또는 거소를 알 수 없거나 그 밖의 부득이한 사유로 통보를 할 수 없는 경우에는 대통령령으로 정하는 바에 따라 공고로써 통보를 갈음할 수 있다.

③ 제1항에 따라 화주등이 물품을 국외로 반출하거나 폐기한 경우 또는 세관장이 폐기한 경우 그 비용은 화주등이 부담한다.

[전문개정 2011. 4. 14.]

제40조의2(반입정지 등) ① 세관장은 다음 각 호의 어느 하나에 해당하는 경우에는 대통령령으로 정하는 바에 따라 6개월의 범위에서

해당 입주기업체에 대하여 자유무역지역으로의 물품반입을 정지시킬 수 있다. 〈개정 2021. 6. 15., 2021. 12. 28.〉

1. 제29조제4항에 따른 수입신고 및 관세등의 납부를 하지 아니하고 외국물품을 사용·소비하기 위하여 자유무역지역 안으로 반입한 경우

2. 제29조제5항에 따른 수입신고 및 관세등의 납부를 하지 아니하고 외국물품등을 자유무역지역에서 관세영역으로 반출한 경우

2의2. 제29조제7항을 위반하여 전량 국외반출을 조건으로 반입한 원재료 및 원재료를 제조·가공한 물품을 자유무역지역에서 관세영역으로 반출한 경우

2의3. 제29조의2를 위반하여 사용·소비 신고를 하지 아니하고 물품을 사용·소비한 경우

3. 제30조에 따른 국외 반출신고 시 법령에 따라 국외 반출에 필요한 허가·승인·추천·증명 또는 그 밖의 조건을 구비하지 아니하거나 부정한 방법으로 구비한 경우

4. 제35조제1항에 따라 준용되는 제29조제5항에 따른 역외작업 물품의 반출신고 및 관세등의 납부의무를 위반한 경우

5. 제38조에 따른 재고 기록 등의 의무를 위반한 경우

6. 제39조제3항을 위반하여 정당한 사유 없이 조사를 거부·방해 또는 기피하거나 자료제출을 거부한 경우

7. 「관세법」 제269조, 제270조, 제270조의2, 제271조(제268조의2의 미수범과 제268조의2의 죄를 범할 목적으로 그 예비를 한 자는 제외한다) 및 제274조에 따른 위반사유에 해당하는 경우

② 세관장은 제1항에 따른 물품반입의 정지처분이 그 이용자에게 심한 불편을 주거나 공익을 해칠 우려가 있는 경우에는 입주기업체에 대하여 물품반입의 정지처분을 갈음하여 해당 입주기업체 운영에 따른 매출액의 100분의 3 이하의 과징금을 부과할 수 있다. 이 경우 매출액 산정, 과징금의 금액, 과징금의 납부기한 등에 관하여 필요한 사항은 대통령령으로 정한다.

③ 제2항에 따른 과징금을 납부하여야 할 자가 납부기한까지 납부하지 아니한 경우 과징금의 징수에 관하여는 국세 체납처분의 예에 따라 징수한다.

[본조신설 2016. 1. 27.]

제41조(물품의 반입 · 반출의 금지 등) ① 누구든지 「관세법」 제234조 각 호의 어느 하나에 해당하는 물품을 자유무역지역 안으로 반입하거나 자유무역지역 밖으로 반출할 수 없다.

② 세관장은 국민보건 또는 환경보전에 지장을 초래하는 물품이나 그 밖에 대통령령으로 정하는 물품에 대하여는 자유무역지역 안으로의 반입과 자유무역지역 밖으로의 반출을 제한할 수 있다.

[전문개정 2011. 4. 14.]

제41조의2(지식재산권 등의 보호) ① 다음 각 호의 어느 하나에 해당하는 지식재산권 등을 침해하는 물품은 자유무역지역 안으로 반입하거나 자유무역지역 밖으로 반출할 수 없다. 〈개정 2012. 6. 1., 2024. 12. 31.〉

1. 「상표법」에 따라 설정등록된 상표권

2. 「저작권법」에 따른 저작권과 저작인접권

3. 「식물신품종 보호법」에 따라 설정등록된 품종보호권

4. 「농산물품질관리법」 또는 「수산물품질관리법」에 따라 등록되거나 조약·협정 등에 따라 보호대상으로 지정된 지리적표시권 또는 지리적표시

5. 「특허법」에 따라 설정등록된 특허권

6. 「디자인보호법」에 따라 설정등록된 디자인권

7. 「방위산업기술 보호법」에 따른 방위산업기술

② 관세청장 및 세관장은 자유무역지역에서 제1항 각 호에 따른 지식재산권 등을 침해하는 물품을 단속하기 위하여 필요한 조치를 할 수 있다. 〈개정 2024. 12. 31.〉

③ 제2항에 따른 조치에 관하여는 「관세법」 제235조제2항부터 제7항까지의 규정을 준용한다. 이 경우 "수출입"은 "반입·반출"로, "통관 보류"는 "반입·반출 보류"로, "수출입신고"는 "반입신고, 수입신고, 수출신고 및 국외반출신고"로, "보세구역"은 "자유무역지역"으로 본다. 〈개정 2021. 6. 15.〉

[본조신설 2011. 6. 30.]

[제목개정 2024. 12. 31.]

제42조(물품의 검사 등) ① 자유무역지역에서 반출·반입·수출·수입되는 물품에 대하여는 세관장이 검사 또는 확인할 수 있다.

② 제1항에 따른 물품의 검사 또는 확인은 그 물품이 장치되어 있는 장소에서 한다. 다만, 공항 또는 항만 지역으로서 관세청장이 지정하는 지역에 장치되어 있는 물품 또는 정밀한 검사가 필요한 물품에 대하여는 그러하지 아니하다.

③ 세관장은 자유무역지역을 출입하는 자가 휴대하거나 운송하는 물품 또는 운송수단에 대하여 관세청장이 정하여 고시하는 바에 따라 이를 검사할 수 있다.

④ 제1항에 따른 검사 또는 확인에 관하여는 「관세법」 제246조제2항 또는 제3항을 준용한다.

[전문개정 2011. 4. 14.]

제43조(「관세법」의 적용) 자유무역지역 안의 외국물품등을 관세영역으로 반출하는 경우에는 이 법에서 정한 경우를 제외하고는 「관세법」을 적용한다.

[전문개정 2011. 4. 14.]

제5장 관세등의 부과 및 감면 등 〈개정 2011. 4. 14.〉

제44조(자유무역지역에서 생산한 물품에 대한 관세등의 부과기준) 제29조제5항제1호의 경우 그 반출되는 물품은 외국으로부터 우리나라에 도착된 외국물품으로 보아 관세등을 부과한다. 이 경우 제29조제1항제2호에 따른 반입신고를 하지 아니한 내국물품을 대통령령으로 정하는 바에 따라 세관장의 승인을 받아 원재료로 사용하였을 때에는 그 내국물품의 수량 또는 가격을 제조·가공·조립·보수한 물품의 과세표준에서 공제한다. 〈개정 2021. 12. 28.〉

[전문개정 2011. 4. 14.]

제45조(관세등의 면제 또는 환급 등) ① 입주기업체가 제29조제1항제2호에 따라 반입신고를 한 내국물품에 대하여는 「주세법」 제31조제1항제1호, 「개별소비세법」 제15조제1항제1호 또는 「교통·에너지

· 환경세법」 제13조제1항제1호에 따라 수출하거나 「수출용원재료에 대한 관세 등 환급에 관한 특례법」 제4조제1호 또는 제3호에 따라 수출 또는 공급하는 것으로 보아 관세등을 면제하거나 환급한다. 〈개정 2016. 1. 27.〉

② 입주기업체가 제29조제1항제2호 · 제3호에 따라 반입신고를 한 내국물품에 대해서는 「부가가치세법」 제21조제1항에 따라 수출에 해당하는 것으로 보아 부가가치세의 영세율(零稅律)을 적용한다. 〈개정 2016. 1. 27.〉

③ 자유무역지역에서 입주기업체 간에 공급하거나 제공하는 외국물품등과 용역에 대하여는 부가가치세의 영세율을 적용한다.

[전문개정 2011. 4. 14.]

제46조(예정지역에서의 관세등의 면제) ① 예정지역 또는 제3조제1항 단서에 따라 「관세법」을 적용받는 자유무역지역에서 제10조제1항제1호부터 제5호까지의 규정에 해당하는 입주기업체가 건물 및 공장을 건축하기 위하여 외국에서 반입하는 대통령령으로 정하는 시설재(施設材)에 대하여는 관세등을 면제한다.

② 제1항에 따라 관세등이 면제된 물품의 사후관리 등에 관하여는 「관세법」 제102조 및 제103조를 적용한다.

[전문개정 2011. 4. 14.]

제47조(법인세 등 조세감면) 외국인투자기업인 입주기업체에 대하여는 「조세특례제한법」에서 정하는 바에 따라 법인세, 소득세, 취득세, 등록면허세, 재산세, 종합토지세 등의 조세를 감면할 수 있다.

[전문개정 2011. 4. 14.]

제48조(교통유발부담금의 면제) 입주기업체의 공장등에 대하여는 「도시교통정비 촉진법」 제36조에 따른 교통유발부담금을 면제한다.

[전문개정 2011. 4. 14.]

제49조(입주기업체의 기술개발활동 지원 등) ① 국가나 지방자치단체는 자유무역지역에 있는 입주기업체의 기술개발활동 및 인력양성을 촉진하기 위하여 필요한 자금을 지원할 수 있다.

② 국가나 지방자치단체는 자유무역지역에 있는 입주기업체의 사업을 지원하기 위하여 입주기업체에 임대하는 공장등의 유지·보수와 의료시설·교육시설·주택 등 각종 기반시설의 확충에 노력하여야 하며, 그에 필요한 자금을 지원할 수 있다.

③ 제1항 및 제2항에 따른 지원기준 등에 관하여 필요한 사항은 대통령령으로 정한다.

[전문개정 2011. 4. 14.]

제49조의2(자유무역지역 경쟁력강화사업 추진계획의 수립 등) ① 관리권자는 자유무역지역 입주기업체의 경쟁력 강화를 위한 경쟁력강화사업 추진계획(이하 "추진계획"이라 한다)을 수립·시행하여야 한다.

② 추진계획에는 다음 각 호의 사항이 포함되어야 한다.

1. 해당 자유무역지역의 경쟁력 현황

2. 기업, 연구소, 대학 등의 연구개발 역량 강화 및 상호연계에 관한 사항

3. 입주기업체에 대한 인센티브 강화에 관한 사항

4. 자유무역지역 경쟁력강화사업 추진체계 및 재원조달 방안

5. 그 밖에 자유무역지역 경쟁력 강화를 위하여 필요한 사항

③ 국가와 지방자치단체는 추진계획을 효과적으로 시행하기 위하여 필요한 재원을 확보하도록 노력하여야 한다.

④ 관리권자는 추진계획을 수립하거나 변경하려는 경우에는 시·도지사의 의견을 듣고 관계 중앙행정기관의 장과 협의하여야 한다. 다만, 대통령령으로 정하는 경미한 사항을 변경하는 경우에는 그러하지 아니하다.

⑤ 관리권자는 자유무역지역 경쟁력강화사업의 효율적인 추진을 위하여 「산업기술혁신 촉진법」 제11조제4항에 따른 전담기관에 사업을 위탁할 수 있다. 이 경우 관리권자는 예산의 범위에서 그 위탁업무의 원활한 수행을 위하여 필요한 경비를 전담기관에 출연 또는 보조할 수 있다.

⑥ 제5항에 따라 사업을 위탁받은 전담기관은 효율적이고 체계적인 사업 추진을 위하여 산업통상자원부령으로 정하는 해당 분야 전문기관 또는 「민법」 제32조에 따라 설립된 비영리법인에 사업의 일부를 대행하게 할 수 있다.

[본조신설 2020. 4. 7.]

제6장 보칙 〈개정 2011. 4. 14.〉

제50조 삭제 〈2011. 4. 14.〉

제50조의2(종전 수출자유지역의 국가산업단지 간주에 관한 특례) 종전의 「수출자유지역설치법」(2000년 1월 12일 법률 제6142호로 전부개정되기 전의 것을 말한다)에 따라 지정된 수출자유지역은 「산업

입지 및 개발에 관한 법률」 제6조에도 불구하고 같은 법 제2조제8호가목의 국가산업단지로 본다.

[본조신설 2024. 2. 6.]

제51조(행정기구 등의 설치) ① 산업통상자원부장관은 자유무역지역을 관리·운영하고 수출산업을 지원하기 위하여 행정기구를 설치·운영할 수 있다. 〈개정 2013. 3. 23.〉

② 입주기업체의 기업활동에 필요한 업무를 관장하는 기관은 관세·조세의 부과·징수, 출입국관리, 검역 등의 업무를 신속하게 처리하기 위하여 자유무역지역 안에 출장소를 설치하거나 그 직원을 상주시킬 수 있다.

[전문개정 2011. 4. 14.]

제52조 삭제 〈2016. 1. 27.〉

제53조 삭제 〈2016. 1. 27.〉

제54조(청문) ①관리권자는 제15조제1항 또는 제2항에 따라 입주계약을 해지하려면 청문을 하여야 한다. 〈개정 2016. 1. 27.〉

② 세관장이 제40조의2제1항에 따라 반입정지를 하려면 청문을 하여야 한다. 〈신설 2016. 1. 27.〉

[전문개정 2011. 4. 14.]

제55조(권한의 위임·위탁) ① 중앙행정기관의 장은 대통령령으로 정하는 바에 따라 그 권한의 일부를 관리권자에게 위탁할 수 있다.

② 산업통상자원부장관 또는 주무부장관은 입주기업체가 도입하는 외자에 관하여 「외국인투자 촉진법」에 따른 권한의 일부를 대통령령으로 정하는 바에 따라 관리권자에게 위탁할 수 있다. 〈개정 2013.

3. 23.〉

③ 관리권자는 이 법에 따른 권한 중 그 일부를 대통령령으로 정하는 바에 따라 그 소속 기관의 장, 시·도지사, 시장·군수 또는 구청장(자치구의 구청장을 말한다)에게 위임하거나 관세청장 또는 그 소속 기관의 장이나 그 밖에 대통령령으로 정하는 법인에 위탁할 수 있다.

[전문개정 2011. 4. 14.]

第55조의2(벌칙 적용 시의 공무원 의제) 제55조제3항에 따라 관리권자로부터 위탁받은 업무에 종사하는 법인의 임원 및 직원은 「형법」 제129조부터 제132조까지의 규정을 적용할 때에는 공무원으로 본다.

[본조신설 2011. 4. 14.]

제7장 벌칙 〈개정 2011. 4. 14.〉

第56조(벌칙) 제41조제1항을 위반하여 물품을 반입 또는 반출한 자는 7년 이하의 징역 또는 7천만원 이하의 벌금에 처한다. 〈개정 2014. 1. 21.〉

[전문개정 2011. 4. 14.]

第57조(벌칙) ① 다음 각 호의 어느 하나에 해당하는 자는 5년 이하의 징역 또는 관세액의 10배와 물품의 원가 중 높은 금액에 상당하는 금액 이하의 벌금에 처한다. 〈개정 2021. 12. 28.〉

1. 제29조제4항을 위반하여 수입신고 및 관세등의 납부를 하지 아니하고 외국물품을 사용·소비하거나 자유무역지역 안으로 반입한 자

2. 제35조제1항을 위반하여 역외작업에 의하여 가공 또는 보수된 물품을 관세영역으로 반출한 자

② 다음 각 호의 어느 하나에 해당하는 자는 「관세법」 제269조·제270조 및 「특정범죄 가중처벌 등에 관한 법률」 제6조에 따라 처벌한다. 〈개정 2016. 1. 27., 2021. 6. 15., 2021. 12. 28.〉

1. 제29조제5항에 따른 수입신고 및 관세등의 납부를 하지 아니하고 외국물품등을 자유무역지역에서 관세영역으로 반출한 자

2. 제29조제6항의 의무를 위반하여 제29조제1항제3호의 내국물품을 자유무역지역에서 관세영역으로 반출한 자

3. 제29조제7항을 위반하여 전량 국외반출을 조건으로 반입한 원재료 및 원재료를 제조·가공한 물품을 자유무역지역에서 관세영역으로 반출한 자

[전문개정 2011. 4. 14.]

제58조(벌칙) 다음 각 호의 어느 하나에 해당하는 자는 3년 이하의 징역 또는 3천만원 이하의 벌금에 처한다. 〈개정 2016. 1. 27.〉

1. 제11조제1항에 따른 입주계약 또는 변경계약을 체결하지 아니하거나 부정한 방법으로 입주계약 또는 변경계약을 체결하여 자유무역지역에서 사업을 한 자

2. 제15조제1항 또는 제2항에 따라 입주계약이 해지된 후 같은 조 제3항의 업무 외에 그 사업을 한 자

[전문개정 2011. 4. 14.]

제59조(벌칙) 제30조에 따른 국외 반출신고를 한 자 중 법령에 따라 국외 반출에 필요한 허가·승인·추천·증명 또는 그 밖의 조건

을 구비하지 아니하거나 부정한 방법으로 이를 구비하여 국외 반출한 자는 1년 이하의 징역 또는 2천만원 이하의 벌금에 처한다.

[전문개정 2011. 4. 14.]

제60조(벌칙) 다음 각 호의 어느 하나에 해당하는 자는 2천만원 이하의 벌금에 처한다. 〈개정 2021. 6. 15., 2021. 12. 28.〉

1. 제15조제5항 또는 제6항을 위반하여 토지 또는 공장등을 양도한 자

2. 제25조제1항부터 제3항까지의 규정을 위반하여 토지 또는 공장등을 양도한 자

2의2. 제29조의2를 위반하여 자유무역지역에 반입한 물품에 대한 사용·소비 신고를 하지 아니하고 사용·소비한 자

3. 제30조제1항 또는 제35조제2항을 위반하여 국외 반출신고를 하지 아니하거나 거짓으로 국외 반출신고를 하고 자유무역지역 밖으로 반출한 자

4. 제38조제1항 또는 제2항을 위반하여 재고 기록을 기록·관리하지 아니하거나 거짓으로 재고를 기록·관리한 자

5. 제38조제5항에 따른 재고 기록을 보존하지 아니한 자

6. 제39조제3항을 위반하여 정당한 사유 없이 조사를 거부·방해 또는 기피하거나 자료제출을 거부한 자

[전문개정 2011. 4. 14.]

제61조(벌칙) 다음 각 호의 어느 하나에 해당하는 자는 1천만원 이하의 벌금에 처한다. 다만, 과실로 제4호에 해당하게 된 경우에는 200만원 이하의 벌금에 처한다. 〈개정 2021. 6. 15., 2021. 12.

28., 2022. 11. 15.〉

1. 거짓이나 그 밖의 부정한 방법으로 제29조제3항에 따른 내국물품 확인서를 발급받은 자

2. 제33조를 위반하여 허가를 받지 아니하고 외국물품등을 일시 반출하거나 반출 허용기간이 지난 후에도 이를 반입하지 아니한 자

3. 제34조제1항 본문 또는 제35조제3항을 위반하여 신고를 하지 아니하고 역외작업을 하거나 역외작업의 공정에서 발생한 폐품을 처분한 자

3의2. 제34조제1항 단서를 위반하여 역외작업을 한 자

4. 제36조제2항에 따라 준용되는 「관세법」 제213조제2항 또는 제219조제2항을 위반하여 신고하지 아니하거나 승인을 받지 아니하고 보세운송을 한 자

5. 제38조제3항을 위반하여 멸실 또는 분실의 신고를 하지 아니하거나 폐기신고 없이 외국물품등을 폐기한 자

6. 제41조제2항에 따라 제한된 물품을 반입 또는 반출한 자

7. 제42조에 따른 검사 또는 확인을 거부·방해 또는 기피한 자

[전문개정 2011. 4. 14.]

제61조(벌칙) 다음 각 호의 어느 하나에 해당하는 자는 1천만원 이하의 벌금에 처한다. 다만, 과실로 제4호에 해당하게 된 경우에는 200만원 이하의 벌금에 처한다. 〈개정 2021. 6. 15., 2021. 12. 28., 2022. 11. 15.〉

1. 거짓이나 그 밖의 부정한 방법으로 제29조제3항에 따른 내국물품 확인서를 발급받은 자

2. 제33조를 위반하여 허가를 받지 아니하고 외국물품등을 일시 반출하거나 반출 허용기간이 지난 후에도 이를 반입하지 아니한 자

3. 삭제 〈2025. 1. 21.〉

3의2. 제34조제1항 단서를 위반하여 역외작업을 한 자

4. 제36조제2항에 따라 준용되는 「관세법」 제213조제2항 또는 제219조제2항을 위반하여 신고하지 아니하거나 승인을 받지 아니하고 보세운송을 한 자

5. 삭제 〈2025. 1. 21.〉

6. 제41조제2항에 따라 제한된 물품을 반입 또는 반출한 자

7. 제42조에 따른 검사 또는 확인을 거부·방해 또는 기피한 자

[전문개정 2011. 4. 14.]

[시행일: 2025. 7. 22.] 제61조

제62조(교사범 등) ① 그 정황을 알면서 제56조·제57조 및 제59조에 따른 행위를 교사(敎唆)하거나 방조한 자는 정범(正犯)에 준하여 처벌한다.

② 제56조·제57조 및 제59조의 죄를 범할 목적으로 예비한 자와 그 미수범은 본죄(本罪)에 준하여 처벌한다.

[전문개정 2011. 4. 14.]

제63조(밀수 전용 운반기구의 몰수) 제56조의 죄에 전용(專用)되는 선박·자동차 또는 그 밖의 운반기구는 소유자가 범죄에 사용된다는 정황을 알았던 경우로서 다음 각 호의 어느 하나에 해당하는 경우에는 이를 몰수한다.

1. 범죄 물품을 적재하거나 적재하려고 한 경우 또는 적재하였던

사실이 있는 경우

2. 검거를 기피할 목적으로 권한 있는 공무원의 정지명령을 받고 정지하지 아니하거나 적재된 범죄 물품을 해상(海上)에서 투기 · 파괴 또는 훼손한 경우

3. 범죄 물품을 해상에서 인수 또는 취득하거나 인수 또는 취득하려고 한 경우

4. 범죄 물품을 운반한 경우

[전문개정 2011. 4. 14.]

第64조(범죄에 사용된 물품의 몰수 등) ① 제56조의 죄에 사용하기 위하여 특수한 가공을 한 물품은 누구의 소유이든지 몰수하거나 그 효용(效用)을 제거한다.

② 제56조의 죄의 대상에 해당하는 물품이 다른 물품 중에 포함되어 있는 경우 그 물품이 범인의 소유인 경우에는 그 다른 물품도 몰수할 수 있다.

[전문개정 2011. 4. 14.]

第65조(밀수품의 취득죄 등) ① 제56조 · 제57조 및 제59조에 해당하는 물품을 취득 · 양여 · 운반 · 보관 또는 알선하거나 감정한 자는 3년 이하의 징역 또는 물품의 원가 이하에 상당하는 벌금에 처한다.

② 제1항의 죄를 범할 목적으로 예비한 자와 그 미수범은 본죄에 준하여 처벌한다.

[전문개정 2011. 4. 14.]

第66조(징역과 벌금의 병과) 제56조 · 제57조 및 제59조의 죄를 범한 자는 정상(情狀)에 따라 징역과 벌금을 병과(倂科)할 수 있다.

[전문개정 2011. 4. 14.]

제67조(몰수 · 추징) ① 제56조의 경우에는 그 물품을 몰수한다.

② 제57조의 경우에는 법인이 소유 또는 점유하는 그 물품을 몰수한다.

③ 제1항이나 제2항에 따라 몰수할 물품의 전부 또는 일부를 몰수할 수 없을 때에는 그 몰수할 수 없는 물품의 범칙 당시의 국내 도매가격에 상당하는 금액을 법인으로부터 추징한다.

④ 제68조제1항의 법인 또는 개인은 제1항부터 제3항까지의 규정을 적용할 때에는 법인으로 본다.

[전문개정 2011. 4. 14.]

제68조(양벌 규정 및 「형법」 규정의 배제) ① 법인의 대표자나 법인 또는 개인의 대리인, 사용인, 그 밖의 종업원이 그 법인 또는 개인의 업무에 관하여 제56조부터 제62조까지의 어느 하나에 해당하는 위반행위를 하면 그 행위자를 벌하는 외에 그 법인 또는 개인에게도 해당 조문의 벌금형을 과(科)한다. 다만, 법인 또는 개인이 그 위반행위를 방지하기 위하여 해당 업무에 관하여 상당한 주의와 감독을 게을리하지 아니한 경우에는 그러하지 아니하다.

② 이 법에서 규정한 벌칙에 위반되는 행위를 한 자에 대하여는 「관세법」 제278조를 준용한다.

[전문개정 2011. 4. 14.]

제69조(조사 및 처분) 제56조, 제57조, 제59조, 제60조제3호부터 제6호까지 및 제61조부터 제68조까지에서 규정한 벌칙에 위반되는 행위를 한 자는 「관세법」 제283조제1항에 따른 관세범으로 보아 같

은 법 제12장(제283조부터 제319조까지)을 적용한다.

[전문개정 2011. 4. 14.]

제70조(과태료) ① 제15조제5항ㆍ제6항 또는 제26조를 위반하여 토지 또는 공장등을 양도하지 아니한 자에게는 500만원 이하의 과태료를 부과한다.

② 다음 각 호의 어느 하나에 해당하는 자에게는 200만원 이하의 과태료를 부과한다. 〈개정 2016. 1. 27., 2021. 6. 15.〉

1. 제14조제4항을 위반하여 사업개시의 신고를 하지 아니하거나 거짓 신고를 하고 사업을 시작한 자

2. 제15조제4항을 위반하여 잔여 외국물품등을 자유무역지역 밖으로 반출하지 아니하거나 다른 입주기업체에 양도하지 아니한 자

3. 삭제 〈2016. 1. 27.〉

4. 제29조제1항을 위반하여 같은 항 제1호의 외국물품에 대하여 반입신고를 하지 아니하거나 거짓으로 반입신고를 하고 자유무역지역 안으로 반입한 자

5. 제29조제1항을 위반하여 같은 항 제2호의 내국물품에 대하여 반입신고를 거짓으로 하여 자유무역지역 안으로 반입한 자

6. 제29조제1항을 위반하여 같은 항 제3호의 내국물품에 대하여 반입신고를 하지 아니하거나 거짓으로 하여 자유무역지역 안으로 반입한 자

7. 삭제 〈2021. 12. 28.〉

8. 제31조제1항을 위반하여 내국물품 반입증명서류를 제출하지 아니하거나 거짓 내국물품 반입증명서류를 제출하여 내국물품을 관

세영역으로 반출한 자

9. 제31조제2항 단서를 위반하여 내국물품 반입증명서류를 제출하지 아니하거나 거짓 내국물품 반입증명서류를 제출한 자

10. 제31조제3항을 위반하여 해당 기간 동안 내국물품 반입증명서류를 보관하지 아니한 자

11. 제36조제2항에 따라 준용되는 「관세법」 제214조부터 제216조까지의 규정 중 어느 하나를 위반하여 보세운송을 한 자

12. 제37조제1항을 위반하여 반출신고를 하지 아니하거나 거짓으로 반출신고를 한 자

③ 다음 각 호의 어느 하나에 해당하는 자에게는 100만원 이하의 과태료를 부과한다. 〈개정 2021. 6. 15., 2021. 12. 28.〉

1. 제25조제4항에 따른 공장등의 양도·임대 또는 사용에 대하여 신고를 하지 아니한 자

2. 제30조제3항에 따라 준용되는 「관세법」 제245조제3항 또는 제249조를 위반하여 관계 자료를 제출하지 아니하거나 신고사항을 보완하지 아니한 자

2의2. 제30조제3항에 따라 준용되는 「관세법」 제251조제1항을 위반하여 적재기간을 넘겨 물품을 적재한 자

3. 제37조제2항에 따라 준용되는 「관세법」 제157조의2를 위반하여 물품을 자유무역지역 밖으로 반출하지 아니한 자

4. 정당한 사유 없이 제40조제1항에 따른 세관장의 국외 반출명령 또는 폐기명령을 이행하지 아니한 자

5. 삭제 〈2016. 1. 27.〉

④ 제1항부터 제3항까지의 규정에 따른 과태료는 대통령령으로 정하는 바에 따라 세관장(제1항, 제2항제1호 및 제3항제1호의 경우에는 관리권자를 말한다)이 부과·징수한다. 〈개정 2016. 1. 27.〉

[전문개정 2011. 4. 14.]

제70조(과태료) ① 다음 각 호의 어느 하나에 해당하는 자에게는 1천만원 이하의 과태료를 부과한다. 〈신설 2025. 1. 21.〉

1. 제34조제1항 본문을 위반하여 신고를 하지 아니하고 역외작업을 한 자

2. 제35조제3항을 위반하여 신고를 하지 아니하고 역외작업의 공정에서 발생한 폐품을 처분한 자

3. 제38조제3항을 위반하여 멸실 또는 분실의 신고를 하지 아니하거나 폐기신고 없이 외국물품등을 폐기한 자

② 제15조제5항·제6항 또는 제26조를 위반하여 토지 또는 공장등을 양도하지 아니한 자에게는 500만원 이하의 과태료를 부과한다. 〈개정 2025. 1. 21.〉

③ 다음 각 호의 어느 하나에 해당하는 자에게는 200만원 이하의 과태료를 부과한다. 〈개정 2016. 1. 27., 2021. 6. 15., 2025. 1. 21.〉

1. 제14조제4항을 위반하여 사업개시의 신고를 하지 아니하거나 거짓 신고를 하고 사업을 시작한 자

2. 제15조제4항을 위반하여 잔여 외국물품등을 자유무역지역 밖으로 반출하지 아니하거나 다른 입주기업체에 양도하지 아니한 자

3. 삭제 〈2016. 1. 27.〉

4. 제29조제1항을 위반하여 같은 항 제1호의 외국물품에 대하여

반입신고를 하지 아니하거나 거짓으로 반입신고를 하고 자유무역지역 안으로 반입한 자

5. 제29조제1항을 위반하여 같은 항 제2호의 내국물품에 대하여 반입신고를 거짓으로 하여 자유무역지역 안으로 반입한 자

6. 제29조제1항을 위반하여 같은 항 제3호의 내국물품에 대하여 반입신고를 하지 아니하거나 거짓으로 하여 자유무역지역 안으로 반입한 자

7. 삭제 〈2021. 12. 28.〉

8. 제31조제1항을 위반하여 내국물품 반입증명서류를 제출하지 아니하거나 거짓 내국물품 반입증명서류를 제출하여 내국물품을 관세영역으로 반출한 자

9. 제31조제2항 단서를 위반하여 내국물품 반입증명서류를 제출하지 아니하거나 거짓 내국물품 반입증명서류를 제출한 자

10. 제31조제3항을 위반하여 해당 기간 동안 내국물품 반입증명서류를 보관하지 아니한 자

11. 제36조제2항에 따라 준용되는 「관세법」 제214조부터 제216조까지의 규정 중 어느 하나를 위반하여 보세운송을 한 자

12. 제37조제1항을 위반하여 반출신고를 하지 아니하거나 거짓으로 반출신고를 한 자

④ 다음 각 호의 어느 하나에 해당하는 자에게는 100만원 이하의 과태료를 부과한다. 〈개정 2021. 6. 15., 2021. 12. 28., 2025. 1. 21.〉

1. 제25조제4항에 따른 공장등의 양도·임대 또는 사용에 대하여 신고를 하지 아니한 자

2. 제30조제3항에 따라 준용되는 「관세법」 제245조제3항 또는 제249조를 위반하여 관계 자료를 제출하지 아니하거나 신고사항을 보완하지 아니한 자

2의2. 제30조제3항에 따라 준용되는 「관세법」 제251조제1항을 위반하여 적재기간을 넘겨 물품을 적재한 자

3. 제37조제2항에 따라 준용되는 「관세법」 제157조의2를 위반하여 물품을 자유무역지역 밖으로 반출하지 아니한 자

4. 정당한 사유 없이 제40조제1항에 따른 세관장의 국외 반출명령 또는 폐기명령을 이행하지 아니한 자

5. 삭제 〈2016. 1. 27.〉

⑤ 제1항부터 제4항까지의 규정에 따른 과태료는 대통령령으로 정하는 바에 따라 세관장(제2항, 제3항제1호 및 제4항제1호의 경우에는 관리권자를 말한다)이 부과·징수한다. 〈개정 2016. 1. 27., 2025. 1. 21.〉

[전문개정 2011. 4. 14.]

[시행일: 2025. 7. 22.] 제70조

부칙 〈제7210호, 2004. 3. 22.〉

제1조 (시행일) 이 법은 공포후 3월이 경과한 날부터 시행한다.

제2조 (다른 법률의 폐지) 국제물류기지육성을위한관세자유지역의지정및운영에관한법률은 이를 폐지한다.

제3조 (수입신고수리물품의 반출에 관한 적용례) 제37조의 개정규정에 의하여 준용되는 관세법 제157조의2의 규정은 이 법 시행후 수

입신고가 수리되는 분부터 적용한다.

제4조 (관세자유지역에 관한 경과조치) 이 법 시행 당시 종전의 국제물류기지육성을 위한관세자유지역의지정및운영에관한법률에 의하여 지정된 관세자유지역은 제4조의 개정규정에 의한 자유무역지역으로, 관세자유지역예정지역은 제7조의 개정규정에 의한 예정지역으로 각각 지정된 것으로 본다.

제5조 (관세자유지역의 등록업체 등에 관한 경과조치) ①이 법 시행 당시 종전의 국제물류기지육성을위한관세자유지역의지정및운영에관한법률 제11조의 규정에 의하여 세관장에게 등록업체로 등록을 한 자와 지원업체로서 입주계약을 체결한 자는 제11조의 개정규정에 의하여 각각 입주기업체 또는 지원업체의 입주허가를 받은 것으로 본다.

②이 법 시행 당시 종전의 국제물류기지육성을위한관세자유지역의 지정및운영에관한법률의 규정에 의하여 등록을 받은 세관장은 이 법 시행후 3월 이내에 등록업체현황 등에 관한 사항을 제8조제1항제2호 내지 제4호의 규정에 의한 관리권자에게 각각 통보하여야 한다.

제6조 (자유무역지역의 입주허가기업체에 관한 경과조치) 이 법 시행 당시 종전의 자유무역지역의지정등에관한법률 제9조의 규정에 의한 입주허가를 행한 관리권자는 세관장에게 그 입주기업체에 대한 허가사항을 통보하여야 한다.

제7조 (입주허가의 결격사유에 관한 경과조치) 이 법 시행 당시 종전의 자유무역지역의지정등에관한법률 제9조의 규정에 의하여 입주허가를 받은 자(부칙 제5조제1항의 규정에 의하여 입주허가를 받은

것으로 보는 자를 포함한다) 또는 그 임원인 자가 이 법 시행전에 발생한 사유로 인하여 제12조제2호 내지 제7호의 개정규정에 의한 결격사유에 해당하게 된 경우에는 동조의 개정규정에 불구하고 종전의 규정에 의한다.

제8조 (외국물품등의 사용·소비에 관한 경과조치) 이 법 시행 당시 종전의 국제물류기지육성을위한관세자유지역의지정및운영에관한법률에 의한 관세자유지역안으로 반입된 동법 제28조제1항 각호의 1에 해당하는 외국물품등을 이 법 시행후 사용·소비하고자 하는 자는 관세법 제241조의 규정에 의한 수입신고를 하고 관세등을 납부하여야 한다.

제9조 (견품의 반출에 관한 경과조치) 이 법 시행 당시 종전의 국제물류기지육성을위한관세자유지역의지정및운영에관한법률 제21조의 규정에 의한 견품의 반출허가 또는 종전의 자유무역지역의지정등에관한법률 제28조의 규정에 의한 물품의 일시반출·반입승인은 제33조의 개정규정에 의한 일시반출의 허가로 본다.

제10조 (역외작업의 신고 등에 관한 경과조치) 이 법 시행 당시 종전의 국제물류기지육성을위한관세자유지역의지정및운영에관한법률 제22조의 규정에 의한 역외작업의 신고 또는 종전의 자유무역지역의지정등에관한법률 제27조의 규정에 의한 역외가공의 승인은 제34조의 개정규정에 의한 세관장의 역외작업의 신고수리로 본다.

제11조 (외국물품등의 멸실신고 등에 관한 경과조치) 이 법 시행 당시 종전의 국제물류기지육성을위한관세자유지역의지정및운영에관한법률 제24조제2항의 규정에 의한 외국물품등의 멸실·분실 또는 폐

기에 관한 신고 또는 종전의 자유무역지역의지정등에관한법률 제23조제2항의 규정에 의한 외국물품과 공급물품의 멸실 또는 분실에 관한 신고는 제38조제3항의 개정규정에 의한 외국물품등의 멸실·분실 또는 폐기신고로 본다.

제12조 (관세등의 면제·환급 등에 관한 경과조치) 이 법 시행 당시 종전의 국제물류기지육성을위한관세자유지역의지정및운영에관한법률 제30조의 규정에 의한 관세등의 면제 또는 환급과 동법 제31조의 규정에 의한 부가가치세의 영세율적용은 제45조의 개정규정에 의한 관세등의 면제 또는 환급과 부가가치세의 영세율의 적용으로 본다.

제13조 (임대료의 감면에 관한 경과조치) 이 법 시행 당시 종전의 국제물류기지육성을위한관세자유지역의지정및운영에관한법률 제33조의 규정에 의한 임대료의 감면 또는 종전의 자유무역지역의지정등에관한법률 제31조제2항 및 제3항의 규정에 의한 임대료의 감면은 제20조의 개정규정에 의한 임대료의 감면으로 본다.

제14조 (벌칙에 관한 경과조치) 이 법 시행전의 행위에 대한 벌칙의 적용에 있어서는 종전의 국제물류기지육성을위한관세자유지역의지정및운영에관한법률과 자유무역지역의지정등에관한법률의 규정에 의한다.

제15조 (다른 법률의 개정) ①수출용원재료에대한관세등환급에관한특례법중 다음과 같이 개정한다.

제4조제3호중 "수출자유지역설치법에 의한 수출자유지역안"을 "자유무역지역의지정및운영에관한법률에 의한 자유무역지역안"으로 한다.

②전기통신기본법중 다음과 같이 개정한다.

제30조의2제1항제5호중 "자유무역지역의지정등에관한법률"을 "자유무역지역의지정및운영에관한법률"로 한다.

③제주국제자유도시특별법중 다음과 같이 개정한다.

제44조제1항중 "자유무역지역의지정등에관한법률"을 "자유무역지역의지정및운영에관한법률"로 한다.

④조세특례제한법중 다음과 같이 개정한다.

제3조제1항제23호를 다음과 같이 한다.

23. 자유무역지역의지정및운영에관한법률

제16조 (다른 법률과의 관계) 이 법 시행 당시 다른 법률에서 종전의 국제물류기지육성을위한관세자유지역의지정및운영에관한법률과 자유무역지역의지정등에관한법률 또는 그 규정을 인용하고 있는 경우 이 법중 그에 해당하는 규정이 있는 때에는 이 법 또는 이 법의 해당 규정을 인용한 것으로 본다.

부칙 〈제7335호, 2005. 1. 14.〉 (부동산가격공시및감정평가에관한법률)

제1조 (시행일) 이 법은 공포한 날부터 시행한다.

제2조 내지 제10조 생략

제11조 (다른 법률의 개정) ①내지 ⑲생략

⑳자유무역지역의지정및운영에관한법률중 다음과 같이 개정한다.

제25조제5항 본문중 "지가공시및토지등의평가에관한법률"을 "부동산가격공시및감정평가에관한법률"로 한다.

㉑내지 ㉔생략

제12조 생략

부칙 〈제7864호, 2006. 3. 3.〉 (대·중소기업 상생협력 촉진에 관한 법률)

제1조 (시행일) 이 법은 공포 후 3월이 경과한 날부터 시행한다.

제2조 내지 제10조 생략

제11조 (다른 법률의 개정) ①내지 ④생략

⑤자유무역지역의지정및운영에관한법률 일부를 다음과 같이 개정한다.

제3조제2항제4호중 "「중소기업의 사업영역 보호 및 기업간 협력증진에 관한 법률」 제4조 및 제12조"을 "「대·중소기업 상생협력 촉진에 관한 법률」 제30조"로 한다.

⑥생략

부칙 〈제8085호, 2006. 12. 26.〉

①(시행일) 이 법은 공포 후 6개월이 경과한 날부터 시행한다.

②(자유무역지역 입주자격에 관한 경과조치) 이 법 시행당시 종전의 규정에 따라 자유무역지역 입주허가를 받은 자의 입주자격 유지여부에 관하여는 제10조제1항의 개정규정에 불구하고 종전의 규정에 따라 입주허가를 받은 것으로 본다.

부칙 〈제8138호, 2006. 12. 30.〉 (교통·에너지·환경세법)

제1조 (시행일) 이 법은 2007년 1월 1일부터 시행한다. 〈단서 생략〉

제2조 내지 제4조 생략

제5조 (다른 법률의 개정) ①및 ②생략

③자유무역지역의지정및운영에관한법률 일부를 다음과 같이 개정한다.

제2조제6호중 “교통세”를 “교통 · 에너지 · 환경세”로 한다.

제45조제1항중 “교통세법”을 “「교통 · 에너지 · 환경세법」”으로 한다.

④내지 ⑨생략

제6조 생략

부칙 〈제8356호, 2007. 4. 11.〉 (대외무역법)

제1조 (시행일) 이 법은 공포한 날부터 시행한다.

제2조 내지 제5조 생략

제6조 (다른 법률의 개정) ①내지 ⑦생략

⑧자유무역지역의지정및운영에관한법률 일부를 다음과 같이 개정한다.

제32조제1항 전단 중 “대외무역법 제14조의 규정에 의하여”를 “「대외무역법」 제11조에 따라”로, “제43조의 규정에 의하여”를 “제46조에 따라”로 하고, 같은 조 제2항 본문 중 “대외무역법 제15조의 규정에 의하여”를 “「대외무역법」 제12조에 따라”로 하며, 같은 조 제4항 중 “대외무역법 제15조의 규정에 의한”을 “「대외무역법」 제12조에 따른”으로 한다.

⑨및 ⑩생략

제7조 생략

부칙 〈제8566호, 2007. 7. 27.〉 (특수임무수행자 지원 및 단체설립에 관한 법률)

제1조 (시행일) 이 법은 공포 후 6개월이 경과한 날부터 시행한다. 〈단서 생략〉

제2조 생략

제3조 (다른 법률의 개정) ①부터 ④까지 생략

⑤ 자유무역지역의 지정 및 운영에 관한 법률 일부를 다음과 같이 개정한다.

제3조제2항제2호중 "「특수임무수행자 지원에 관한 법률」"을 "「특수임무수행자 지원 및 단체설립에 관한 법률」"로 한다.

⑥부터 ⑨까지 생략

부칙 〈제8616호, 2007. 8. 3.〉 (물류시설의 개발 및 운영에 관한 법률)

제1조 (시행일) 이 법은 공포 후 6개월이 경과한 날부터 시행한다.

제2조 부터 제10조까지 생략

제11조 (다른 법률의 개정) ① 부터 ⑥ 까지 생략

⑦ 자유무역지역의 지정 및 운영에 관한 법률 일부를 다음과 같이 개정한다.

제5조제1호다목을 다음과 같이 하고, 같은 호 라목을 삭제한다.

다. 「물류시설의 개발 및 운영에 관한 법률」 제2조제2호 및

제6호에 따른 물류터미널 및 물류단지

제8조제1항제3호를 다음과 같이 하고, 같은 항 제4호를 삭제한다.

3. 제5조제1호다목의 물류터미널 및 물류단지 : 건설교통부장관

⑧ 부터 ⑩ 까지 생략

제12조 생략

부칙 〈제8829호, 2007. 12. 31.〉 (개별소비세법)

제1조 (시행일) 이 법은 2008년 1월 1일부터 시행한다.

제2조 부터 제10조까지 생략

제11조 (다른 법률의 개정) ① 부터 ⑧ 까지 생략

⑨ 자유무역지역의 지정 및 운영에 관한 법률 일부를 다음과 같이 개정한다.

제2조제6호 중 "특별소비세"를 "개별소비세"로 한다.

제45조제1항 중 "「특별소비세법」"을 "「개별소비세법」"으로 한다.

⑩ 부터 ⑬ 까지 생략

제12조 생략

부칙 〈제8852호, 2008. 2. 29.〉 (정부조직법)

제1조(시행일) 이 법은 공포한 날부터 시행한다. 다만, ···〈생략〉···, 부칙 제6조에 따라 개정되는 법률 중 이 법의 시행 전에 공포되었으나 시행일이 도래하지 아니한 법률을 개정한 부분은 각각

해당 법률의 시행일부터 시행한다.

제2조 부터 제5조까지 생략

제6조(다른 법률의 개정) ① 부터 〈388〉 까지 생략

〈389〉 자유무역지역의 지정 및 운영에 관한 법률 일부를 다음과 같이 개정한다.

제4조제1항부터 제5항까지, 제6조제1항 · 제2항, 제7조제1항 · 제2항 · 제3항 단서 · 제4항 · 제5항, 제8조제1항제1호, 제10조제2항, 제32조제1항 · 제3항, 제50조제3항 중 "산업자원부장관"을 각각 "지식경제부장관"으로 한다.

제8조제1항제2호 및 제3호 중 "건설교통부장관"을 각각 "국토해양부장관"으로 하며, 같은 항 제5호 중 "해양수산부장관"을 "국토해양부장관"으로 한다.

제13조 본문 및 제1호부터 제3호까지, 제14조제2항, 제15조제2항제5호 · 제3항, 제28조제1항, 제52조 중 "산업자원부령"을 각각 "지식경제부령"으로 한다.

제50조제1항 중 "산업자원부"를 "지식경제부"로 한다.

제4조제4항, 제17조제1항 · 제2항 및 제55조제2항 중 "재정경제부장관"을 각각 "기획재정부장관"으로 한다.

〈390〉 부터 〈760〉 까지 생략

제7조 생략

부칙 〈제9071호, 2008. 3. 28.〉 (도시교통정비 촉진법)

제1조 (시행일) 이 법은 2009년 1월 1일부터 시행한다. 〈단서 생략〉

제2조 부터 제9조까지 생략

제10조 (다른 법률의 개정) ① 부터 ⑲ 까지 생략

⑳ 자유무역지역의 지정 및 운영에 관한 법률 일부를 다음과 같이 개정한다.

제48조 중 "「도시교통정비 촉진법」 제18조의 규정에 의한"을 "「도시교통정비 촉진법」 제36조에 따른"으로 한다.

㉑ 부터 ㉓ 까지 생략

제11조 생략

부칙 〈제9243호, 2008. 12. 26.〉

이 법은 공포한 날부터 시행한다.

부칙 〈제9374호, 2009. 1. 30.〉 (외국인투자 촉진법)

제1조(시행일) 이 법은 공포 후 6개월이 경과한 날부터 시행한다. 〈단서 생략〉

제2조(다른 법률의 개정) ① 및 ② 생략

③ 자유무역지역의 지정 및 운영에 관한 법률 일부를 다음과 같이 개정한다.

제55조제2항 중 "기획재정부장관"을 "지식경제부장관"으로 한다.

④ 생략

부칙 〈제9401호, 2009. 1. 30.〉 (국유재산법)

제1조(시행일) 이 법은 공포 후 6개월이 경과한 날부터 시행한다.

〈단서 생략〉

제2조 부터 제9조까지 생략

제10조(다른 법률의 개정) ① 부터 〈58〉 까지 생략

〈59〉 자유무역지역의 지정 및 운영에 관한 법률 일부를 다음과 같이 개정한다.

제17조제1항 중 "관리환"을 "관리전환"으로 하고, 같은 조 제2항 전단 중 "「국유재산법」 제25조제1항 · 제34조 및 제38조제1항"을 "「국유재산법」 제32조제1항 · 제44조 및 제47조"로 하며, 같은 조 제3항 본문 및 제4항 본문 중 "「국유재산법」 제27조제1항 및 제36조제1항"을 각각 "「국유재산법」 제35조제1항 및 제46조제1항"으로 한다.

제19조제1항 중 "「국유재산법」 제40조"를 "「국유재산법」 제50조"로 한다.

제22조제1항 각 호 외의 부분 중 "「국유재산법」 제24조제3항 및 제38조제1항"을 "「국유재산법」 제18조 및 제47조"로 한다.

〈60〉 부터 〈86〉 까지 생략

제11조 생략

부칙 〈제9587호, 2009. 4. 1.〉

①(시행일) 이 법은 공포 후 6개월이 경과한 날부터 시행한다.

②(경과조치) 이 법 시행 전의 행위에 대하여 벌칙을 적용할 때에는 종전의 규정에 따른다.

부칙 〈제9780호, 2009. 6. 9.〉 (항공법)

제1조(시행일) 이 법은 공포 후 3개월이 경과한 날부터 시행한다. 〈단서 생략〉

제2조 부터 제10조까지 생략

제11조(다른 법률의 개정) ① 부터 ⑩ 까지 생략

⑪ 자유무역지역의 지정 및 운영에 관한 법률 일부를 다음과 같이 개정한다.

제5조제1호나목 중 "「항공법」 제2조제5호의 규정에 의한"을 "「항공법」 제2조제7호에 따른"으로 한다.

⑫ 부터 ⑲ 까지 생략

제12조 생략

부칙 〈제10590호, 2011. 4. 14.〉

제1조(시행일) 이 법은 공포 후 3개월이 경과한 날부터 시행한다.

제2조(공장설립등의 완료신고 및 사업개시의 신고에 관한 적용례) 제14조제2항 및 제4항의 개정규정은 이 법 시행 후 최초로 입주허가 또는 변경허가를 받는 자부터 적용한다.

제3조(토지 또는 공장등의 처분제한에 관한 적용례) 제25조제1항, 제3항 및 제5항의 개정규정은 이 법 시행 후 최초로 입주기업체등이 취득 또는 분할한 토지이거나 취득한 공장등부터 적용한다.

제4조(토지의 분할에 관한 적용례) 제25조제6항의 개정규정은 이 법 시행 후 최초로 분할되는 토지부터 적용한다.

제5조(공장등록에 관한 증서를 갈음하는 입주확인서에 관한 경과조

치) 이 법 시행 전에 종전의 규정에 따라 발급된 입주확인서는 제14조제2항의 개정규정에 따라 관리권자가 발급한 공장등록증명서로 본다.

부칙 〈제10808호, 2011. 6. 30.〉

①(시행일) 이 법은 공포한 날부터 시행한다. 다만, 제41조의2의 개정규정은 「대한민국과 유럽연합 및 그 회원국 간의 자유무역협정」이 발효하는 날(제41조의2제1항제5호에 따른 특허권 및 같은 항 제6호에 따른 디자인권은 발효일 이후 2년이 되는 날)부터 시행한다.

②(적용례) 제41조의2의 개정규정은 같은 개정규정 시행 후 최초로 제29조에 따른 반입신고(제29조제1항제1호가목에 해당하는 물품으로서 같은 호 각 목 외의 부분 단서의 관세청장이 정하는 자료제출을 포함한다) 또는 수입신고, 제30조에 따른 국외반출신고 또는 수출신고 및 제36조에 따른 보세운송신고를 하는 물품부터 적용한다.

부칙 〈제11020호, 2011. 8. 4.〉 (산업입지 및 개발에 관한 법률)

제1조(시행일) 이 법은 공포한 날부터 시행한다. 〈단서 생략〉

제2조 부터 제9조까지 생략

제10조(다른 법률의 개정) ①부터 ⑲까지 생략

⑳ 자유무역지역의 지정 및 운영에 관한 법률 일부를 다음과 같이 개정한다.

제5조제1호가목 중 "「산업입지 및 개발에 관한 법률」 제2조제5

호”를 “「산업입지 및 개발에 관한 법률」 제2조제8호”로 한다.

㉑부터 ㉕까지 생략

제11조 생략

부칙 〈제11029호, 2011. 8. 4.〉 (특수임무유공자 예우 및 단체설립에 관한 법률)

제1조(시행일) 이 법은 공포한 날부터 시행한다.

제2조 생략

제3조(다른 법률의 개정) ①부터 ⑤까지 생략

⑥ 자유무역지역의 지정 및 운영에 관한 법률 일부를 다음과 같이 개정한다.

제3조제2항제2호 중 “「특수임무수행자 지원 및 단체설립에 관한 법률」”을 “「특수임무유공자 예우 및 단체설립에 관한 법률」”로 한다.

⑦부터 ⑩까지 생략

부칙 〈제11042호, 2011. 9. 15.〉 (보훈보상대상자 지원에 관한 법률)

제1조(시행일) 이 법은 2012년 7월 1일부터 시행한다.

제2조(다른 법률의 개정) ①부터 ⑳까지 생략

㉑ 자유무역지역의 지정 및 운영에 관한 법률 일부를 다음과 같이 개정한다.

제3조제2항제2호 중 “「국가유공자 등 예우 및 지원에 관한 법률」

제31조"를 "「국가유공자 등 예우 및 지원에 관한 법률」 제31조, 「보훈보상대상자 지원에 관한 법률」 제35조"로 한다.

㉒부터 ㉗까지 생략

부칙 〈제11458호, 2012. 6. 1.〉 (종자산업법)

제1조(시행일) 이 법은 공포 후 1년이 경과한 날부터 시행한다.

제2조 부터 제4조까지 생략

제5조(다른 법률의 개정) ①부터 ⑤까지 생략

⑥ 자유무역지역의 지정 및 운영에 관한 법률 일부를 다음과 같이 개정한다.

제41조의2제1항제3호 중 "「종자산업법」"을 "「식물신품종 보호법」"으로 한다.

⑦ 생략

제6조 생략

부칙 〈제11690호, 2013. 3. 23.〉 (정부조직법)

제1조(시행일) ① 이 법은 공포한 날부터 시행한다.

② 생략

제2조 부터 제5조까지 생략

제6조(다른 법률의 개정) ①부터 〈413〉까지 생략

〈414〉 자유무역지역의 지정 및 운영에 관한 법률 일부를 다음과 같이 개정한다.

제4조제1항 전단, 같은 조 제2항, 같은 조 제3항 본문, 같은 조

제4항, 제6조제1항 · 제2항, 제7조제1항 · 제2항, 같은 조 제3항 단서, 같은 조 제4항 · 제5항, 제8조제1항제1호, 제10조제2항, 제28조의2제1항 전단, 제32조제1항 전단 및 후단, 같은 조 제3항 전단 및 후단, 제51조제1항 및 제55조제2항 중 "지식경제부장관"을 각각 "산업통상자원부장관"으로 한다.

제4조제3항 본문 및 제8조제1항제2호 · 제3호 중 "국토해양부장관"을 각각 "국토교통부장관"으로 한다.

제8조제1항제4호 중 "국토해양부장관"을 "해양수산부장관"으로 한다.

제10조제2항, 제13조 각 호 외의 부분, 같은 조 제1호부터 3호까지, 제15조제2항 각 호 외의 부분 단서, 같은 항 제6호, 같은 조 제3항, 제25조제6항, 제28조제1항 및 제52조 전단 중 "지식경제부령"을 각각 "산업통상자원부령"으로 한다.

〈415〉부터 〈710〉까지 생략

제7조 생략

부칙 〈제12301호, 2014. 1. 21.〉

제1조(시행일) 이 법은 공포한 날부터 시행한다.

제2조(금치산자 등에 대한 경과조치) 제12조제1호의 개정규정에 따른 피성년후견인에는 법률 제10429호 민법 일부개정법률 부칙 제2조에 따라 금치산 또는 한정치산 선고의 효력이 유지되는 사람을 포함하는 것으로 본다.

부칙 〈제13782호, 2016. 1. 19.〉 (감정평가 및 감정평가사

에 관한 법률)
제1조(시행일) 이 법은 2016년 9월 1일부터 시행한다.
제2조 부터 제6조까지 생략
제7조(다른 법률의 개정) ①부터 ⑲까지 생략
⑳ 자유무역지역의 지정 및 운영에 관한 법률 일부를 다음과 같이 개정한다.
제25조제5항 본문 중 "「부동산 가격공시 및 감정평가에 관한 법률」"을 "「감정평가 및 감정평가사에 관한 법률」"로 한다.
㉑부터 ㉕까지 생략
제8조 생략

부칙 〈제13797호, 2016. 1. 19.〉 (부동산 거래신고 등에 관한 법률)
제1조(시행일) 이 법은 공포 후 1년이 경과한 날부터 시행한다.
제2조 부터 제9조까지 생략
제10조(다른 법률의 개정) ①부터 ㉘까지 생략
㉙ 자유무역지역의 지정 및 운영에 관한 법률 일부를 다음과 같이 개정한다.
제23조제4항 중 "「외국인토지법」 제4조제1항 및 제6조"를 "「부동산 거래신고 등에 관한 법률」 제3조제1항 및 제8조제3항"으로 한다.
㉚부터 ㊹까지 생략
제11조 생략

부칙 〈제13856호, 2016. 1. 27.〉

제1조(시행일) 이 법은 공포 후 6개월이 경과한 날부터 시행한다.

제2조(입주허가에서 입주계약으로의 변경에 관한 경과조치) ① 이 법 시행 당시 종전의 제11조에 따라 입주허가를 받은 자는 제11조의 개정규정에 따른 입주계약을 체결한 자로 본다. 다만, 종전의 제13조 각 호에 따른 조치이행 및 제15조제2항제5호에 따른 입주허가의 취소는 종전의 규정에 따른다.

② 이 법 시행 당시 종전의 제12조제8호에 따라 입주허가를 받을 수 없는 자는 그 입주허가가 취소된 날부터 2년이 경과할 때까지는 제12조제8호의 개정규정에 따라 입주계약을 체결할 수 없는 자로 본다.

제3조(벌칙 및 과태료에 관한 경과조치) 이 법 시행 전의 행위에 대한 벌칙 및 과태료의 적용에 있어서는 종전의 규정에 따른다.

제4조(다른 법률의 개정) ① 관세법 일부를 다음과 같이 개정한다.

제254조의2제6항 단서 중 “입주허가를 받아”를 “입주계약을 체결하여”로 한다.

② 조세특례제한법 일부를 다음과 같이 개정한다.

제121조의12제1항제2호 중 “입주허가가 취소된 경우”를 “입주계약이 해지된 경우”로 한다.

부칙 〈제14113호, 2016. 3. 29.〉 (공항시설법)

제1조(시행일) 이 법은 공포 후 1년이 경과한 날부터 시행한다.

제2조 부터 제16조까지 생략

제17조(다른 법률의 개정) ①부터 ⑰까지 생략

⑱ 자유무역지역의 지정 및 운영에 관한 법률 일부를 다음과 같이 개정한다.

제5조제1호나목 중 "「항공법」 제2조제7호"를 "「공항시설법」 제2조제3호"로 한다.

⑲부터 ㉖까지 생략

제18조 생략

부칙 〈제15575호, 2018. 4. 17.〉

제1조(시행일) 이 법은 공포 후 6개월이 경과한 날부터 시행한다.

제2조(입주자격에 관한 적용례) 제10조제1항의 개정규정은 이 법 시행 후 최초로 입주계약을 체결하는 국내복귀기업과 외국인투자기업부터 적용한다.

부칙 〈제17192호, 2020. 4. 7.〉

이 법은 공포 후 6개월이 경과한 날부터 시행한다.

부칙 〈제17219호, 2020. 4. 7.〉 (감정평가 및 감정평가사에 관한 법률)

제1조(시행일) 이 법은 공포 후 3개월이 경과한 날부터 시행한다.

제2조(다른 법률의 개정) ①부터 ⑳까지 생략

㉑ 자유무역지역의 지정 및 운영에 관한 법률 일부를 다음과 같이 개정한다.

제25조제5항 본문 중 “감정평가업자”를 “감정평가법인등”으로 한다.

㉒부터 ㉕까지 생략

제3조 생략

부칙 〈제17883호, 2021. 1. 5.〉 (5ㆍ18민주유공자예우 및 단체설립에 관한 법률)

제1조(시행일) 이 법은 공포 후 3개월이 경과한 날부터 시행한다.

제2조 부터 제7조까지 생략

제8조(다른 법률의 개정) ①부터 ⑫까지 생략

⑬ 자유무역지역의 지정 및 운영에 관한 법률 일부를 다음과 같이 개정한다.

제3조제2항제2호 중 “「5ㆍ18민주유공자예우에 관한 법률」”을 “「5ㆍ18민주유공자예우 및 단체설립에 관한 법률」”로 한다.

⑭부터 ⑲까지 생략

제9조 생략

부칙 〈제18279호, 2021. 6. 15.〉

제1조(시행일) 이 법은 공포 후 6개월이 경과한 날부터 시행한다. 다만, 제10조제1항의 개정규정은 공포한 날부터 시행한다.

제2조(외국물품등의 처리에 관한 적용례) 제15조제7항의 개정규정은 이 법 시행 이후 제15조제1항 또는 제2항에 따라 입주계약이 해지된 자부터 적용한다.

부칙 〈제18660호, 2021. 12. 28.〉

이 법은 공포한 날부터 시행한다.

부칙 〈제19041호, 2022. 11. 15.〉

이 법은 공포한 날부터 시행한다.

부칙 〈제19186호, 2022. 12. 31.〉 (관세법)

제1조(시행일) 이 법은 2023년 1월 1일부터 시행한다. 〈단서 생략〉

제2조 부터 제19조까지 생략

제20조(다른 법률의 개정) 자유무역지역의 지정 및 운영에 관한 법률 일부를 다음과 같이 개정한다.

제37조제4항 중 “”장치기간경과물품“”을 “”외국물품“”으로 한다.

부칙 〈제20204호, 2024. 2. 6.〉

이 법은 공포 후 1개월이 경과한 날부터 시행한다.

부칙 〈제20608호, 2024. 12. 31.〉 (관세법)

제1조(시행일) 이 법은 2025년 1월 1일부터 시행한다. 〈단서 생략〉

제2조 부터 제11조까지 생략

제12조(다른 법률의 개정) ① 생략

② 자유무역지역의 지정 및 운영에 관한 법률 일부를 다음과 같이 개정한다.

제41조의2의 제목 “(지식재산권의 보호)”를 “(지식재산권 등의 보

호)”로 하고, 같은 조 제1항 각 호 외의 부분 중 “지식재산권”을 “지식재산권 등”으로 하며, 같은 항에 제7호를 다음과 같이 신설하고, 같은 조 제2항 중 “지식재산권”을 “지식재산권 등”으로 한다.

7. 「방위산업기술 보호법」에 따른 방위산업기술

자유무역지역의 지정 및 운영에 관한 법률 시행령
(약칭 : 자유무역지역법 시행령)

[시행 2023. 12. 12.] [대통령령 제33913호, 2023. 12. 12., 타법개정]

**개정 예정 법률 밑줄 별도 표시.

자유무역지역의 지정 및 운영에 관한 법률 시행령
(약칭 : 자유무역지역법 시행령)

[시행 2023. 12. 12.] [대통령령 제33913호, 2023. 12. 12., 타법개정]

제1장 총칙

제1조(목적) 이 영은 「자유무역지역의 지정 및 운영에 관한 법률」에서 위임된 사항과 그 시행에 필요한 사항을 규정함을 목적으로 한다.

[전문개정 2011. 7. 15.]

제2장 자유무역지역의 지정 등

제2조(자유무역지역의 지정) ① 「자유무역지역의 지정 및 운영에 관한 법률」(이하 "법"이라 한다) 제4조제1항 전단에 따라 자유무역지역의 지정을 요청하려는 자는 같은 조 제2항에 따른 자유무역지역 기본계획(이하 "자유무역지역 기본계획"이라 한다)과 관계 중앙행정기관의 장 및 관계 특별시장 · 광역시장 · 특별자치시장 · 도지사 또는 특별자치도지사(이하 "시 · 도지사"라 한다)와의 협의 결과를 산업통상자원부장관에게 제출하여야 한다. 다만, 이미 개발이 완료되었거나 개발이 진행 중인 지역에 대하여 지정을 요청하는 경우에는 제2

항에 따른 사항 중 법 제28조의2제1항에 따른 자유무역지역 운영지침(이하 "자유무역지역 운영지침"이라 한다)에서 정하는 사항을 생략할 수 있다. 〈개정 2013. 3. 23., 2016. 7. 26.〉

② 자유무역지역 기본계획에는 다음 각 호의 사항이 포함되어야 한다.

1. 자유무역지역의 명칭ㆍ위치ㆍ경계 및 면적과 위치도
2. 개발사업의 시행자와 개발 기간 및 방법
3. 자유무역지역의 운영 목표 및 방향, 입주대상 업종, 입주 우선순위, 입주업체 선정기준, 입주업체의 유치계획 및 배치계획(도면을 포함한다) 등이 포함된 입주관리계획
4. 토지이용계획, 주요 지원시설 배치계획(도면을 포함한다) 및 도로ㆍ항만ㆍ용수공급시설 등의 기반시설계획
5. 지정에 따른 추정 소요비용 및 재원조달계획
6. 외국인투자ㆍ무역ㆍ국제물류ㆍ지역개발 및 고용증진의 전망 등 자유무역지역의 지정에 따른 경제적 효과의 분석
7. 해당 지역에 있는 시설의 현황과 화물 처리능력
8. 수용하거나 사용할 토지, 건축물, 그 밖의 물건 및 권리가 있는 경우에는 그 세목(細目)
9. 해당 지역에 있는 기존 입주업체의 현황과 기존 입주업체에 대한 대책
10. 「환경영향평가법」에 따른 환경영향평가 또는 관련 검토자료
11. 출입구, 울타리 등 통제시설의 설치계획
12. 법 제8조제1항에 따른 관리권자(이하 "관리권자"라 한다)로부

터 관리권을 위임·위탁받는 자가 둘 이상일 경우 위임·위탁받은 자의 관할 범위와 통제시설의 설치 등에 관한 비용부담방법

③ 법 제4조제3항 본문에서 "기획재정부장관, 국토교통부장관 등 대통령령으로 정하는 관계 중앙행정기관의 장"이란 기획재정부장관, 외교부장관, 행정안전부장관, 농림축산식품부장관, 환경부장관, 국토교통부장관, 해양수산부장관, 중소벤처기업부장관 및 관세청장을 말한다. 〈개정 2013. 3. 23., 2014. 11. 19., 2017. 7. 26.〉

④ 시·도지사는 법 제4조제5항에 따라 일반인이 자유무역지역의 지정에 관한 사항을 열람할 수 있게 하는 경우에는 지체 없이 그 내용의 열람방법·열람기간, 그 밖에 열람에 필요한 사항을 인터넷 홈페이지에 게시하는 등 효과적인 방법으로 공고하여야 한다.

[전문개정 2011. 7. 15.]

제3조(자유무역지역의 지정 고시) 법 제4조제4항에서 "대통령령으로 정하는 사항"이란 해당 자유무역지역의 명칭, 위치도 및 토지이용계획을 말한다.]

[전문개정 2011. 7. 15.]

제4조(지정 요건) ① 법 제5조제1호 각 목 외의 부분에서 "화물 처리능력 등 대통령령으로 정하는 기준"이란 다음 각 호의 구분에 따른 기준을 말한다.

1. 산업단지: 공항 또는 항만에 인접하여 화물을 국외의 반출·반입하기 쉬운 지역일 것

2. 공항: 다음 각 목의 요건을 모두 갖추고 있을 것

가. 연간 30만톤 이상의 화물을 처리할 수 있고, 정기적인 국

제 항로가 개설되어 있을 것

나. 물류터미널 등 항공화물의 보관, 전시, 분류 등에 사용할 수 있는 지역 및 그 배후지의 면적이 30만제곱미터 이상이고, 배후지는 해당 공항과 접하여 있거나 전용도로 등으로 연결되어 있어 공항과의 물품 이동이 자유로운 지역으로서 화물의 보관, 포장, 혼합, 수선, 가공 등 공항의 물류기능을 보완할 수 있을 것

3. 항만: 다음 각 목의 요건을 모두 갖추고 있을 것

가. 연간 1천만톤 이상의 화물을 처리할 수 있고, 정기적인 국제 컨테이너선박 항로가 개설되어 있을 것

나. 3만톤급 이상의 컨테이너선박용 전용부두가 있을 것

다. 「항만법 시행령」 별표 1에 따른 육상구역의 면적 및 그 배후지의 면적이 50만제곱미터 이상이고, 배후지는 해당 항만과 접하여 있거나 전용도로 등으로 연결되어 있어 항만과의 물품 이동이 자유로운 지역으로서 화물의 보관, 포장, 혼합, 수선, 가공 등 항만의 물류기능을 보완할 수 있을 것

4. 물류단지 및 물류터미널: 다음 각 목의 요건을 모두 갖추고 있을 것

가. 연간 1천만톤 이상의 화물을 처리할 수 있는 시설이나 설비를 갖추고 있을 것

나. 반입물량의 100분의 50 이상이 외국으로부터 반입되고, 외국으로부터 반입된 물량의 100분의 20 이상이 국외로 반출되거나 반출될 것으로 예상될 것

다. 물류단지 또는 물류터미널의 면적이 50만제곱미터 이상일 것

② 법 제5조제3호에서 "대통령령으로 정하는 시설"이란 다음 각 호의 시설을 말한다.

1. 담장, 출입문, 경비초소 또는 그 밖에 외국물품의 불법유출 및 도난을 방지하기 위해 필요한 시설로서 관세청장이 정하여 고시하는 면적, 위치 등에 관한 기준을 충족하는 시설

2. 반입물품 및 반출물품을 검사하기 위한 검사장(檢査場)으로서 관세청장이 정하여 고시하는 면적, 위치 등에 관한 기준을 충족하는 시설

[전문개정 2011. 7. 15.]

제5조(자유무역지역의 경미한 변경) 법 제6조제3항 단서 및 제7조제6항 단서에서 "면적의 일부 변경 등 대통령령으로 정하는 경미한 사항의 변경"이란 다음 각 호의 어느 하나에 해당하는 경우를 말한다.

1. 자유무역지역 면적의 10분의 1 미만을 축소·확장하거나 자유무역지역의 위치·경계를 변경하는 경우

2. 진입도로·축대 또는 다리의 변경설치나 자연재해로 토지가 멸실되어 자유무역지역이 축소·확장되거나 경계가 변경되는 경우

[전문개정 2011. 7. 15.]

제3장 자유무역지역의 관리 및 입주

제6조(지역의 구분) ① 법 제9조에서 "대통령령으로 정하는 지구"란 공공시설지구와 교육·훈련시설지구를 말한다.

② 관리권자는 법 제9조에 따라 자유무역지역의 지구를 구분하였을 때에는 이를 인터넷 홈페이지에 게시하는 등 효과적인 방법으로

공고하여야 한다.

[전문개정 2011. 7. 15.]

제7조(입주 자격) ① 법 제10조제1항제1호 전단 및 후단에서 "수출비중 등이 대통령령으로 정하는 기준을 충족하는 자"란 각각 법 제11조제1항에 따른 입주계약(이하 "입주계약"이라 한다) 신청일(입주기업체의 경우에는 영업일 현재를 말한다)부터 과거 3년의 기간 중 총매출액 대비 수출액 비중이 다음 각 호의 구분에 따른 기준을 충족하는 기간이 연속하여 1년 이상인 자를 말한다. 〈개정 2014. 3. 18., 2014. 7. 21., 2016. 7. 26., 2018. 10. 10., 2021. 7. 13.〉

1. 「산업발전법」 제5조제1항에 따른 첨단기술을 활용하는 제품·서비스나 같은 항에 따른 첨단제품을 생산하는 사업(산업통상자원부장관이 정하여 고시하는 바에 따라 첨단기술 또는 첨단제품 확인을 받은 경우로 한정한다)을 경영하는 경우: 다음 각 목의 구분에 따른 기준

가. 「중소기업기본법」 제2조에 따른 중소기업(이하 "중소기업"이라 한다)인 경우: 100분의 20 이상

나. 중소기업이 아닌 경우: 100분의 30 이상

2. 제1호에 해당하지 않는 경우: 다음 각 목의 구분에 따른 기준

가. 중소기업인 경우: 100분의 30 이상

나. 「중견기업 성장촉진 및 경쟁력 강화에 관한 특별법」 제2조제1호에 따른 중견기업(이하 "중견기업"이라 한다)인 경우: 100분의 40 이상

다. 중소기업 및 중견기업이 아닌 경우: 100분의 50 이상

② 법 제10조제1항제1호의2에서 "복귀 이전 총매출액 대비 대한민국으로의 수출액을 제외한 매출액의 비중 등이 대통령령으로 정하는 기준을 충족하는 자"란 입주계약 신청일부터 과거 3년의 기간 중 총매출액 대비 대한민국으로의 수출액을 제외한 매출액이 100분의 30(중소기업의 경우에는 100분의 20으로 한다) 이상인 기간이 연속하여 1년 이상인 자를 말한다. 〈개정 2018. 10. 10., 2021. 7. 13.〉

③ 법 제10조제1항제2호 본문에서 "외국인투자비중 및 수출비중 등이 대통령령으로 정하는 기준을 충족하는 자"란 다음 각 호의 사항을 모두 충족하는 자를 말한다. 〈신설 2018. 10. 10.〉

1. 「외국인투자 촉진법 시행령」 제2조제2항 본문에 따른 외국인투자의 기준을 충족하는 자. 다만, 입주계약을 체결한 후 신주발행 등으로 국내자본이 증가하여 「외국인투자 촉진법 시행령」 제2조제2항제1호의 요건을 충족하지 아니하게 되는 경우에도 외국인투자의 기준을 충족하는 것으로 본다.

2. 입주계약 신청일(입주기업체의 경우에는 영업일 현재를 말한다)부터 과거 3년의 기간 중 총매출액 대비 수출액이 100분의 30(지식서비스산업의 경우에는 100분의 5로 한다) 이상인 기간이 연속하여 1년 이상인 자. 다만, 입주계약 신청일 기준으로 과거 매출실적이 없는 신설 외국인투자기업의 경우에는 본문의 요건을 적용하지 아니할 수 있으며, 이 경우 신설 외국인투자기업은 법 제14조제2항에 따른 공장설립등의 완료신고일(지식서비스산업의 경우에는 입주계약일 또는 법 제14조제4항에 따른 사업개시의 신고일로 한다)

부터 3년 이내에 본문의 요건을 충족하여야 한다.

④ 법 제10조제1항제2호 단서에서 "대통령령으로 정하는 업종"이란 「조세특례제한법」 제121조의2제1항제1호에 따른 신성장동력산업에 속하는 사업으로서 외국인투자금액이 미화 100만달러 이상인 경우를 말한다. 〈신설 2018. 10. 10.〉

⑤ 법 제10조제1항제3호에서 "수출비중 등이 대통령령으로 정하는 기준을 충족하는 자"란 입주계약 신청일(입주기업체의 경우에는 영업일 현재를 말한다)부터 과거 3년의 기간 중 총매출액 대비 수출액이 100분의 5 이상인 기간이 연속하여 1년 이상인 자를 말한다. 〈개정 2016. 7. 26., 2018. 10. 10.〉

⑥ 법 제10조제1항제4호에서 "수출입거래 비중 등이 대통령령으로 정하는 기준을 충족하는 자"란 입주계약 신청일(입주기업체의 경우에는 영업일 현재를 말한다)부터 과거 3년의 기간 중 총매출액 대비 수출입거래 비중이 100분의 50(중소기업의 경우에는 100분의 30으로 하고, 중견기업의 경우에는 100분의 40으로 한다) 이상인 기간이 연속하여 1년 이상인 자를 말한다. 〈개정 2014. 3. 18., 2014. 7. 21., 2016. 7. 26., 2018. 10. 10., 2021. 7. 13.〉

⑦ 법 제10조제1항제5호에서 "대통령령으로 정하는 사업"이란 다음 각 호의 사업을 말한다. 〈개정 2018. 10. 10.〉

1. 국제운송주선 · 국제선박거래, 포장 · 보수 · 가공 또는 조립하는 사업 등 복합물류 관련 사업

2. 선박 또는 항공기(선박 또는 항공기의 운영에 필요한 장비를 포함한다)의 수리 · 정비 및 조립업 등 국제물류 관련 사업

3. 연료, 식수, 선식(船食) 및 기내식(機內食) 등 선박 또는 항공기 용품의 공급업

4. 물류시설 관련 개발업 및 임대업

⑧ 법 제10조제1항제6호에서 “대통령령으로 정하는 업종”이란 다음 각 호의 업종을 말한다. 〈개정 2018. 10. 10.〉

1. 금융업

2. 보험업

3. 통관업

4. 세무업

5. 회계업

6. 「해운법」 제33조에 따른 해운중개업, 해운대리점업, 선박대여업 및 선박관리업

7. 「항만운송사업법 시행령」 제2조제1호가목부터 다목까지의 규정에 따른 행위를 하는 항만용역업

8. 교육·훈련업

9. 유류판매업

10. 폐기물의 수집·운반 및 처리업

11. 정보처리업

12. 음식점업

13. 식품판매업

14. 숙박업

15. 목욕장업

16. 세탁업

17. 이용업 및 미용업

18. 그 밖에 입주기업체의 사업을 지원하는 업종으로서 자유무역지역 운영지침에서 정하는 업종

⑨ 법 제10조제1항제7호에서 “대통령령으로 정하는 공공기관”이란 다음 각 호의 기관을 말한다. 〈개정 2018. 10. 10.〉

1. 지방자치단체 및 지방자치단체가 전액 출자·출연한 법인

2. 「국민연금법」 제24조에 따른 국민연금공단

3. 「국민건강보험법」에 따른 국민건강보험공단

4. 「무역보험법」 제37조에 따른 한국무역보험공사

5. 「한국공항공사법」에 따른 한국공항공사(이하 “한국공항공사”라 한다)

6. 「인천국제공항공사법」에 따른 인천국제공항공사(이하 “인천국제공항공사”라 한다)

7. 삭제 〈2011. 8. 11.〉

8. 「항만공사법」 제4조에 따른 항만공사(이하 “항만공사”라 한다)

9. 「한국철도공사법」에 따른 한국철도공사

[전문개정 2011. 7. 15.]

제8조(입주계약의 체결 등) ① 법 제11조제1항에 따라 입주계약 또는 변경계약을 체결하려는 자는 산업통상자원부령으로 정하는 신청서에 법 제10조제1항 각 호의 어느 하나에 해당함을 증명하는 서류를 첨부하여 해당 지역을 관할하는 관리권자에게 제출하여야 한다. 〈개정 2016. 7. 26.〉

② 법 제11조제1항 후단에 따라 변경계약을 체결하여야 하는 경

우는 업종(「통계법」 제22조제1항에 따라 통계청장이 고시하는 한국표준산업분류상의 세세분류단위를 기준으로 한다) 또는 면적을 변경하려는 경우로 한다. 〈개정 2016. 7. 26.〉

③ 관리권자는 법 제11조제1항에 따라 입주계약 또는 변경계약의 신청을 받으면 7일 이내에 그 입주계약 또는 변경계약 여부를 결정하여 신청인에게 통지하여야 한다. 〈개정 2016. 7. 26.〉

④ 관리권자는 법 제11조제2항에 따라 우선적으로 입주계약을 체결하는 경우 외국인투자액과 그 비율, 수출액과 그 비율 등을 고려하여 우선순위기준을 자유무역지역 운영지침으로 정하여야 한다. 〈개정 2016. 7. 26.〉

[전문개정 2011. 7. 15.]

[제목개정 2016. 7. 26.]

제8조의2(사업개시의 신고) ① 법 제14조제4항에 따라 사업개시의 신고를 하려는 자는 시설을 설치한 날부터 2개월 내에 사업개시 신고서에 사업계획서에 따른 시설의 구입 증명서류 등 사업의 개시를 증명할 수 있는 서류를 첨부하여 관리권자에게 제출하여야 한다.

② 관리권자는 제1항에 따라 사업개시 신고서를 받은 경우 시설이 사업계획서와 맞으면 관리대장에 이를 적고 사업개시 신고서를 받은 날부터 3일 이내에 해당 신고인에게 확인서를 발급하여야 한다.

[본조신설 2011. 7. 15.]

제9조(입주계약이 해지된 토지 또는 공장등의 처분) ① 법 제15조제1항 또는 제2항에 따라 입주계약이 해지된 자(이하 이 조에서 "입주

계약해지자"라 한다)가 자유무역지역 안에 소유하는 토지나 공장·건축물 또는 그 밖의 시설(이하 "공장등"이라 한다)을 법 제15조제5항에 따라 처분하려면 처분계획서에 산업통상자원부령으로 정하는 서류를 첨부하여 관리권자에게 제출하여야 한다. 〈개정 2013. 3. 23., 2016. 7. 26.〉

② 입주계약해지자는 그 입주계약이 해지된 날부터 6개월 이내에 토지 또는 공장등을 입주 자격이 있는 자에게 처분하여야 한다. 다만, 토지 또는 공장등에 대하여 경매나 그 밖에 법률에 따른 절차가 진행 중인 경우에는 그 절차의 진행기간을 산입(算入)하지 아니한다. 〈개정 2016. 7. 26.〉

③ 입주계약해지자는 제2항의 기간 내에 토지 또는 공장등을 처분하지 못한 경우에는 처분신청서에 산업통상자원부령으로 정하는 서류를 첨부하여 관리권자에게 제출하여야 한다. 〈개정 2013. 3. 23., 2016. 7. 26.〉

④ 제3항에 따른 처분신청서를 받은 관리권자는 인터넷 홈페이지에 게시하는 등 효과적인 방법으로 그 매각에 관한 사항을 공고하여 양수인을 선정하여야 한다.

⑤ 양도인은 관리권자로부터 양수인을 추천받으면 지체 없이 양도에 관한 협상을 시작하여 그 추천을 받은 날부터 6개월 이내에 매매계약을 체결하여야 한다.

⑥ 제2항과 제5항에 따라 토지 또는 공장등을 양도받은 자는 그 양도받은 날부터 3개월 이내에 입주계약 또는 변경계약을 체결하여야 한다. 〈개정 2016. 7. 26.〉

[전문개정 2011. 7. 15.]

[제목개정 2016. 7. 26.]

제10조(입주계약 등의 통보) ① 관리권자는 법 제16조에 따라 입주계약(변경계약을 포함한다. 이하 이 항에서 같다) 또는 입주계약 해지에 관한 사항을 그 자유무역지역을 관할하는 세관장(이하 "세관장"이라 한다)에게 통보하는 경우에는 입주계약 또는 입주계약 해지 사실을 확인할 수 있는 서류의 사본을 첨부하여야 한다. 〈개정 2016. 7. 26.〉

② 제1항에 따른 통보를 받은 세관장은 세관의 물품관리를 위하여 필요하다고 인정되면 관리권자가 입주업체로부터 제출받은 서류의 범위에서 관리권자에게 자료의 제출을 요청할 수 있다.

[전문개정 2011. 7. 15.]

[제목개정 2016. 7. 26.]

제11조(국유의 토지 또는 공장등의 임대 및 매각) ① 관리권자는 법 제17조제1항에 따라 국유의 토지 또는 공장등을 입주기업체 등에 매각하거나 임대하는 경우에는 법 제11조제2항에 따라 입주계약을 체결한 자에게 우선적으로 매각하거나 임대하여야 한다. 〈개정 2016. 7. 26.〉

② 관리권자는 제1항에 따라 토지 또는 공장등을 임대하거나 매각할 때 필요하면 계약의 이행을 보증하기 위하여 필요한 조건을 붙일 수 있다.

③ 관리권자는 법 제17조제2항에 따라 토지나 공장등의 임대료 또는 매각가격에 관하여 기획재정부장관과 협의하는 경우에는 다음

각 호의 서류를 첨부하여야 한다. 다만, 제1호 또는 제2호의 자료를 갖출 수 없는 경우에는 공인된 감정기관이 발행한 감정평가서로 대체할 수 있다.

1. 해당 토지 또는 공장등에 투입된 재원의 명세서
2. 가격산출조서
3. 매각하거나 임대하려는 공장등의 도면

④ 제3항에 따른 협의를 하는 경우 기획재정부장관은 「전자정부법」 제36조제1항에 따른 행정정보의 공동이용을 통하여 매각하거나 임대하려는 토지의 지적도(地籍圖)를 확인하여야 한다. 다만, 조성 중인 부지로서 토지의 지적도를 확인하기 곤란한 경우에는 관리권자로 하여금 부지개발계획의 도면을 제출하게 할 수 있다.

[전문개정 2011. 7. 15.]

제12조(매입대금의 납부연기 및 분할납부) ① 관리권자는 법 제19조제1항에 따라 자유무역지역에 있는 국유의 토지 또는 공장등을 매각할 때 「국유재산법 시행령」 제54조제2항 각 호의 어느 하나에 해당하거나 그 밖에 산업통상자원부령으로 정하는 사유에 해당되어 매입자가 매입대금을 기한까지 내기 곤란한 경우에는 6개월의 범위에서 해당 토지 또는 공장등의 매입대금 납부기한을 연장할 수 있다. 〈개정 2013. 3. 23.〉

② 관리권자는 법 제19조제1항에 따라 자유무역지역에 있는 국유의 토지 또는 공장등을 매각할 때 매각대금이 10억원을 초과하는 경우에는 5년의 범위에서 그 매입대금을 균등분할하여 내게 할 수 있다.

③ 제1항에 따라 납부기한을 연장할 경우 그 이자는 해당 토지 또는 공장등의 매각가격에서 이미 낸 금액을 뺀 나머지 금액에 그 매각일부터 매입대금 납부일까지의 기간의 생산자물가 상승률을 곱하여 계산한 금액으로 하되, 이자율은 연 6퍼센트를 초과할 수 없다.

④ 제2항에 따라 분할납부할 때의 이자는 해당 토지 또는 공장등의 매각가격에서 이미 낸 금액을 뺀 나머지 금액에 매각일 또는 직전 분할납부일 다음 날부터 해당 분할납부일까지의 기간의 생산자물가 상승률을 곱하여 계산한 금액으로 하되, 이자율은 연 6퍼센트를 초과할 수 없다.

[전문개정 2011. 7. 15.]

제13조(임대료 등의 독촉 및 체납처분) ① 법 제21조제1항에서 "대통령령으로 정하는 기간"이란 90일을 말한다.

② 관리권자는 토지 또는 공장등의 임대료나 공동시설의 유지비를 체납한 자에게 그 납부기한이 지난 날부터 15일 이내에 독촉장을 발부하여야 한다. 이 경우 발부일부터 15일 이내의 범위에서 납부기한을 정하여야 한다.

③ 관리권자는 제2항 후단에 따른 납부기한이 지나도 체납액을 내지 아니하는 자에게는 1개월 이내의 납부기한을 정하여 다시 독촉장을 발부하여야 한다.

④ 제3항에 따라 독촉장을 발부할 때에는 체납자의 재산을 압류할 수 있다는 뜻을 함께 적어 통보하여야 한다.

[전문개정 2011. 7. 15.]

제14조(공장등의 건축) 법 제23조제3항에 따라 관리권자가 「건축법」에 따른 시·도지사 또는 시장·군수·구청장(자치구의 구청장을 말한다. 이하 같다)의 권한에 속하는 사무를 처리하였을 때에는 지체 없이 관할 시·도지사 또는 시장·군수·구청장에게 그 내용을 통보하여야 한다.

[전문개정 2011. 7. 15.]

제15조(외국물품 등을 사용한 공장등의 임대 또는 양도) ① 법 제25조제7항 단서에 따라 다음 각 호의 어느 하나에 해당하는 물품(이하 "외국물품등"이라 한다)을 사용하여 건축한 공장등의 일부를 지원업체에게 임대하려는 자는 임대허가 신청서를 세관장에게 제출하여야 한다. 〈개정 2016. 7. 26.〉

1. 외국물품
2. 법 제29조제1항제2호에 따라 반입신고를 한 내국물품
3. 「수출용원재료에 대한 관세 등 환급에 관한 특례법」 제4조제3호에 따라 관세영역에서 자유무역지역 안으로 공급한 물품

② 세관장은 법 제25조제7항 단서에 따라 임대를 허가하는 경우 해당 공장등의 전체 연면적의 100분의 40 이내에서 임대를 허가하여야 한다. 〈개정 2016. 7. 26.〉

[전문개정 2011. 7. 15.]

제16조(공장설립 완료 전의 토지 또는 공장등의 처분) 법 제25조제2항에 따라 관리권자가 토지 또는 공장등을 양도받을 자를 선정하는 경우에 관하여는 제9조제4항부터 제6항까지의 규정을 준용한다.

[전문개정 2011. 7. 15.]

제16조의2(이자 및 비용) 법 제25조제5항 본문 및 단서에서 "대통령령으로 정하는 이자 및 비용"이란 다음 각 호의 이자 및 비용을 말한다.

1. 양도할 자유무역지역 토지의 취득가격에 그 취득일부터 양도일까지의 기간의 생산자물가 총지수를 곱하여 계산한 금액

2. 양도할 자유무역지역 토지의 취득에 따른 취득세, 그 밖의 제세공과금. 다만, 자유무역지역의 토지를 취득한 자에게 책임이 있는 사유로 추징된 세금은 제외한다.

3. 양도할 자유무역지역 토지의 유지·보존 또는 개량을 위하여 지출한 비용

[본조신설 2011. 7. 15.]

제17조(경매 등으로 취득한 토지 또는 공장등의 처분) ① 법 제26조제1항제1호 본문에 따라 입주계약(변경계약을 포함한다. 이하 이 항에서 같다)을 체결하려는 자는 토지 또는 공장등을 취득한 날부터 3개월 이내에 입주계약 체결을 신청하여야 한다. 〈개정 2016. 7. 26.〉

② 법 제26조제1항제2호에 따라 관리권자가 토지 또는 공장등을 양도받을 자를 선정하는 경우에 관하여는 제9조를 준용한다.

[전문개정 2011. 7. 15.]

제18조(공동시설의 유지비) ① 법 제28조에 따른 공동시설의 유지비는 각 입주기업체가 해당 공동시설을 이용하여 얻는 수익의 정도에 따라 산정한 금액으로 한다. 다만, 입주기업체별로 수익의 정도를 산출(算出)하기 곤란한 경우에는 그 비용 전체에 대하여 입주기

업체의 건물면적·대지면적 또는 종업원의 수를 종합적으로 고려하여 관리권자가 고시하는 기준에 따라 산출한 금액으로 할 수 있다.

② 제1항에 따른 유지비는 매월 부과한다. 다만, 관리권자가 필요하다고 인정할 때에는 분기별로 부과할 수 있다.

[전문개정 2011. 7. 15.]

제18조의2(자유무역지역 운영지침의 내용) ① 자유무역지역 운영지침에는 다음 각 호의 사항이 포함되어야 한다. 〈개정 2018. 10. 10.〉

1. 제2조제1항 단서에 따라 자유무역지역 기본계획에서 생략할 수 있는 사항

2. 자유무역지역 및 법 제7조에 따른 자유무역지역 예정지역에 대한 국비지원 기준 등에 관한 사항

3. 제7조제8항제18호에 따른 입주기업체의 사업을 지원하는 업종의 범위

4. 제8조제4항에 따른 우선순위기준에 관한 사항

5. 그 밖에 자유무역지역의 운영에 필요한 사항

② 산업통상자원부장관은 자유무역지역 운영지침을 수립하거나 변경하려는 경우에는 관계 중앙행정기관의 장 및 시·도지사와 협의하여야 한다. 〈개정 2013. 3. 23.〉

[본조신설 2011. 7. 15.]

제4장 물품의 반입·반출 및 관리 등

제18조의3(사용·소비 신고의 대상 등) ① 법 제29조의2 전단에서 “제29조제4항제2호 각 목에 해당하는 물품 등 대통령령으로 정하는

물품”이란 법 제29조제4항제2호 각 목에 해당하는 물품으로서 입주기업체의 사업목적 달성에 필요한 물품을 말한다. 〈개정 2022. 7. 5.〉

② 법 제29조의2 전단에 따라 사용·소비 신고를 하려는 자는 사용·소비하려는 물품의 품명, 규격, 수량 및 가격과 「관세법 시행령」 제246조제1항 각 호의 사항을 기재한 신고서를 세관장에게 제출해야 한다.

③ 제1항 및 제2항에서 규정한 사항 외에 사업목적 달성에 필요한 물품 여부의 판단 기준과 사용·소비 신고의 절차 등에 관하여 필요한 세부사항은 관세청장이 정하여 고시한다.

[본조신설 2021. 12. 16.]

제19조(국외 반출신고) 법 제30조에 따라 물품 반출신고를 하려는 자는 다음 각 호의 사항이 포함된 국외반출신고서를 세관장에게 제출하여야 한다.

1. 물품의 품명·규격·수량·가격 및 품목분류번호
2. 포장의 종류·번호 및 개수
3. 목적지·원산지 및 선적지
4. 사업자등록번호 및 통관고유부호
5. 외국 무역선 또는 무역기(貿易機)에서 사용되는 용품을 공급하는 경우에는 해당 선박 또는 항공기의 종류, 명칭 또는 등록기호, 국적, 선박의 순톤수 또는 항공기의 무게, 항행(航行) 예정일수, 여객 및 승무원의 수 등 해당 선박 또는 항공기의 항행에 필요한 적정 용품의 수량을 파악하는 데 근거가 되는 자료

[전문개정 2011. 7. 15.]

제20조(내국물품의 반출 확인 생략물품 등) ① 법 제31조제1항 단서에서 "출입 차량, 출입자의 휴대품 등 대통령령으로 정하는 물품"이란 다음 각 호의 어느 하나에 해당하는 물품을 말한다.

1. 출입차량

2. 출입자의 휴대품

3. 그 밖에 자유무역지역에서 사용하거나 소비하려는 소비재 또는 소모품으로서 관세청장이 정하여 고시하는 물품

② 법 제31조제3항에서 "대통령령으로 정하는 기간"이란 2년을 말한다.

[전문개정 2011. 7. 15.]

제21조(수출입 제한물품의 수출입승인 등) ① 법 제32조제1항에 따라 산업통상자원부장관 또는 세관장의 수출입승인을 받으려는 자는 수출입승인 신청서를 산업통상자원부장관 또는 세관장에게 제출하여야 한다. 〈개정 2013. 3. 23.〉

② 법 제32조제1항에 따라 산업통상자원부장관 또는 세관장이 수입 또는 수출이 제한된 물품의 반입 또는 반출을 승인하는 경우에는 「대외무역법」에 따른 수출입승인기관과 미리 협의하여야 한다. 〈개정 2013. 3. 23.〉

③ 법 제32조제1항에 따른 수출입승인의 유효기간은 1년으로 한다. 다만, 산업통상자원부장관 또는 세관장은 국내의 물가안정, 수요·공급 조정, 물품 등의 인도조건, 그 밖에 거래 특성에 따라 필요하다고 인정하는 경우에는 유효기간을 달리 정할 수 있다. 〈개정

2013. 3. 23.〉

[전문개정 2011. 7. 15.]

제22조(수출입 제한물품의 관세영역으로의 반출승인) 법 제32조제3항에 따른 관세영역으로의 반출에 관하여는 제21조를 준용한다.

[전문개정 2011. 7. 15.]

제23조(외국물품등의 일시 반출·반입) ① 법 제33조에 따라 외국물품등을 일시 반출하거나 반입하기 위하여 세관장의 허가를 받으려는 자는 일시 반출·반입허가 신청서를 세관장에게 제출하여야 한다.

② 제1항에 따른 물품의 일시 반출·반입 기간은 6개월 이내로 한다. 다만, 물품의 전시·홍보 등 부득이한 사유로 그 기간을 연장하려는 자는 기간이 끝나기 전에 세관장에게 기간의 연장을 신청하여야 한다.

[전문개정 2011. 7. 15.]

제24조(역외작업의 신고 등) ① 법 제34조제1항 본문에 따라 역외작업(이하 "역외작업"이라 한다)을 신고하려는 자는 다음 각 호의 사항이 포함된 역외작업 신고서를 세관장에게 제출하여야 한다. 〈개정 2021. 12. 16.〉

1. 역외작업 전후 물품의 품명, 규격, 수량 및 중량

2. 작업의 종류, 기간, 장소 및 작업 사유

② 역외작업의 범위는 해당 입주기업체가 전년도에 원자재를 가공하여 수출(「대외무역법 시행령」 제2조제3호에 따른 수출을 말한다. 이하 이 항에서 같다)한 금액의 100분의 60 이내로 한다. 다만, 전년도 수출실적이 없거나 수출실적이 크게 증가되는 등의 사유로 전

년도에 수출한 금액을 적용하는 것이 적합하지 아니하다고 인정되는 경우 역외작업의 범위는 다음 각 호와 같다.

1. 해당 연도에 사업을 시작하여 전년도 수출실적이 없는 경우: 사업을 시작한 날부터 반출신고한 날까지의 기간 중 수출실적이 가장 많은 달의 수출실적금액을 연간으로 환산한 금액의 100분의 60 이내. 다만, 사업개시 이후 최초로 수출주문을 받은 경우에는 해당 수출주문량의 금액을 월평균 수출실적으로 보아 연간으로 환산한 금액의 100분의 60 이내로 한다.

2. 반출신고한 달의 수출주문량의 금액이 전년도 월평균 수출액보다 100분의 150 이상 증가한 경우: 반출신고한 달의 수출주문량의 금액을 월평균 수출실적으로 보아 연간으로 환산한 금액의 100분의 60 이내

3. 전년도에 천재지변 등 불가피한 사유로 수출실적이 100분의 50 이하로 감소한 경우: 해당 사유가 발생한 직전 달부터 과거 1년간 수출한 금액의 100분의 60 이내

③ 역외작업의 반출기간은 다음 각 호와 같다.

1. 원자재: 1년 이내

2. 시설재: 같은 품목에 대하여 입주기업체와 역외작업 수탁업체 간에 체결된 계약기간의 범위로 하되, 그 기간은 3년을 초과할 수 없다. 다만, 세관장은 역외작업이 계약기간 내에 끝나지 아니하는 등 부득이한 사유로 반출기간을 연장할 필요가 있다고 인정할 때에는 3년의 범위에서 그 기간을 연장할 수 있다.

④ 역외작업의 대상물품은 원자재 또는 원자재의 제조ㆍ가공에 전

용되는 시설재(금형을 포함한다)만 해당한다.

⑤ 역외작업의 반출장소는 역외작업 수탁업체의 공장 또는 그에 부속된 가공장소로 한다.

[전문개정 2011. 7. 15.]

제25조(장치기간 경과물품의 통보) 법 제37조제2항에 따라 관세청장이 지정하는 지역에서 법 제10조제1항제5호에 해당하는 사업을 하는 자는 장치기간이 지난 물품이 화물의 원활한 반입·반출에 지장을 주는 경우에는 관세청장이 정하여 고시하는 바에 따라 해당 물품의 반출 또는 매각 등의 조치를 위하여 장치기간 경과물품에 대한 현황을 세관장에게 통보할 수 있다. 〈개정 2021. 12. 16.〉

[전문개정 2011. 7. 15.]

제26조(재고 기록 등) ① 법 제38조제1항 각 호 외의 부분 단서에서 "관세청장이 정하여 고시하는 금액 이하의 물품 등 대통령령으로 정하는 물품"이란 다음 각 호의 어느 하나에 해당하는 물품을 말한다.

1. 해당 물품의 가격이 관세청장이 정하여 고시하는 금액 이하인 물품

2. 제20조제1항 각 호의 어느 하나에 해당하는 물품

3. 내용연수가 지나 경제적 가치를 상실한 물품으로서 관세영역으로 반입할 때 「관세법」 제40조에 해당하는 물품

② 법 제38조제3항에 따라 외국물품등의 멸실 또는 분실 신고를 하려는 자는 해당 외국물품등의 품명, 규격, 수량, 가격, 화주(貨主)의 성명, 멸실·분실의 사유 및 일시, 장치장소 등을 적은 신고서를 세관장에게 제출하여야 한다.

③ 법 제38조제3항에 따라 외국물품등을 폐기하려는 자는 미리 해당 외국물품등의 품명, 규격, 수량, 가격, 화주의 성명, 폐기 사유·일시 및 방법 등을 적은 신고서를 세관장에게 제출하여야 한다.

④ 법 제38조제5항에서 "대통령령으로 정하는 기간"이란 5년을 말한다. 〈개정 2022. 7. 5.〉

[전문개정 2011. 7. 15.]

제27조(재고가 부족한 물품의 관세등의 징수) 법 제39조제4항 본문에 따라 재고가 부족한 외국물품등에 관세등을 부과하는 경우에는 다음 각 호의 어느 하나에 해당하는 날을 「관세법」 제16조 및 제17조에 따른 과세물건의 확정 및 법령 적용의 시기로 보아 관세등을 부과한다.

1. 외국물품이 반입된 상태에서 분실된 경우: 해당 물품을 반입한 날
2. 외국물품등을 제조 또는 가공 등을 한 경우: 제조 또는 가공 등을 한 날

[전문개정 2011. 7. 15.]

제27조의2(자료의 제공) 관리권자는 법 제39조제5항에 따라 관세청장에게 물품 반입·반출실적에 대한 자료의 제공을 요청하는 경우 제공대상자료의 사용목적 및 목록을 명시하여 서면 또는 전자문서로 요청하여야 한다.

[본조신설 2016. 7. 26.]

제28조(물품 폐기 공고 등) ① 법 제40조제1항 각 호 외의 부분 본문에 따라 물품의 폐기명령을 받은 화주 및 반입자와 그 위임을 받은 자(이하 "화주등"이라 한다)가 그 물품을 폐기하려면 미리 그 품

명 · 규격 · 수량 및 가격, 화주의 성명, 폐기 일시 및 방법을 세관장에게 통보하여야 하며, 그 물품을 폐기하였을 때에는 그 결과를 세관장에게 통보하여야 한다.

② 법 제40조제2항에 따라 물품의 폐기를 공고하는 경우에는 관보에 게재하거나 세관 게시판에 14일 이상 게시하고, 그 내용을 인터넷 홈페이지에 게시하는 등 효과적인 방법으로 공고하여야 한다.

[전문개정 2011. 7. 15.]

제28조의2(반입정지 기간) 법 제40조의2제1항에 따라 물품반입을 정지하는 기간은 다음 각 호와 같다.

1. 법 제40조의2제1항제1호 · 제2호 또는 제4호의 경우

가. 물품원가(운임 및 보험료를 포함한 가격을 말한다. 이하 이 호에서 같다)가 5억원 미만인 경우: 7일 이상 30일 이하

나. 물품원가가 5억원 이상 10억원 미만인 경우: 31일 이상 60일 이하

다. 물품원가가 10억원 이상 40억원 미만인 경우: 61일 이상 90일 이하

라. 물품원가가 40억원 이상 60억원 미만인 경우: 91일 이상 120일 이하

마. 물품원가가 60억원 이상 80억원 미만인 경우: 121일 이상 150일 이하

바. 물품원가가 80억원 이상 100억원 미만인 경우: 151일 이상 180일 이하

사. 물품원가가 100억원 이상인 경우: 180일

2. 법 제40조의2제1항제3호의 경우: 61일 이상 90일 이하

3. 법 제40조의2제1항제5호 또는 제6호의 경우: 7일 이상 30일 이하

4. 법 제40조의2제1항제7호의 경우: 180일

[본조신설 2016. 7. 26.]

제28조의3(과징금의 부과기준) ① 법 제40조의2제2항에 따라 부과하는 과징금의 금액은 제1호의 기간에 제2호의 금액을 곱하여 산정한다.

1. 기간: 세관장이 제28조의2에 따라 결정한 물품반입의 정지 일수

2. 1일당 과징금 금액: 해당 자유무역지역의 사업에 따른 연간 매출액의 6천분의 1에 상당하는 금액

② 제1항제2호에 따른 연간 매출액은 다음 각 호의 구분에 따라 산정한다.

1. 입주기업체가 물품반입정지의 처분사유가 발생한 날이 속하는 사업연도 개시일 이전에 자유무역지역의 사업을 시작한 경우: 직전 3개 사업연도의 연평균 매출액(자유무역지역의 사업을 시작한 날부터 직전 사업연도 종료일까지의 기간이 3년 미만인 경우에는 그 사업 시작일부터 직전 사업연도 종료일까지의 매출액을 연평균 매출액으로 환산한 금액)

2. 입주기업체가 물품반입정지의 처분사유가 발생한 날이 속하는 사업연도에 자유무역지역의 사업을 시작한 경우: 자유무역지역의 사업을 시작한 날부터 물품반입정지의 처분사유가 발생한 날까지의 매

출액을 연매출액으로 환산한 금액

[본조신설 2016. 7. 26.]

제28조의4(과징금의 납부) ① 세관장은 법 제40조의2제2항에 따라 위반행위를 한 자에게 과징금을 부과하려는 경우에는 그 위반행위의 종별과 해당 과징금의 금액을 명시하여 이를 납부할 것을 서면 또는 전자문서로 통지하여야 한다.

② 제1항에 따라 통지를 받은 자는 납부통지일부터 20일 이내에 과징금을 세관장이 지정하는 수납기관에 납부해야 한다. 〈개정 2023. 12. 12.〉

③ 제2항에 따라 과징금의 납부를 받은 수납기관은 납부자에게 영수증을 서면으로 교부하거나 전자문서로 송부하여야 하고, 그 사실을 세관장에게 서면 또는 전자문서로 지체 없이 통지하여야 한다.

[본조신설 2016. 7. 26.]

제29조(외국물품등의 반입·반출 제한) 법 제41조제2항에서 "대통령령으로 정하는 물품"이란 다음 각 호의 물품을 말한다.

1. 사업장폐기물 등 폐기물

2. 총기 등 불법무기류

3. 마약류

4. 「상표법」에 따른 상표권 또는 「저작권법」에 따른 저작권을 침해하는 물품

5. 제1호부터 제4호까지의 규정에 따른 물품과 유사한 물품으로서 관세청장이 정하여 고시하는 물품

[전문개정 2011. 7. 15.]

제5장 관세 등의 부과 및 감면 등

제30조(내국물품의 원재료사용승인 및 과세표준공제) ① 법 제44조 후단에 따라 내국물품을 원재료로 사용하기 위한 승인을 받으려는 자는 다음 각 호의 사항을 적은 신청서를 세관장에게 제출하여야 한다.

1. 원재료로 사용하려는 내국물품의 품명, 규격, 수량, 중량 및 가격
2. 원재료를 사용하여 제조, 가공, 조립 또는 보수하려는 물품의 품명, 규격, 수량, 중량 및 가격
3. 작업기간 및 소요량

② 법 제44조 후단에 따른 원재료란 「관세법 시행령」 제199조제1항 각 호의 어느 하나에 해당하는 내국물품으로서 그 제조·가공 또는 보수의 성질, 공정 등에 비추어 품명, 규격별 수량 및 소요량이 확인될 수 있는 것으로 한다.

③ 세관장은 법 제44조 후단에 따라 승인을 하는 경우 원재료로 사용하려는 내국물품의 품명 및 규격이 같고 그 소요량이 일정한 경우에는 일정 기간의 소요량을 일괄하여 승인할 수 있다.

④ 법 제44조 후단에 따라 원재료로 사용된 내국물품의 수량 또는 가격을 관세의 과세표준에서 공제받으려는 자는 수입신고서에 다음 각 호의 서류를 첨부하여 세관장에게 제출해야 한다. 〈개정 2022. 7. 5.〉

1. 제1항에 따른 내국물품의 원재료 사용에 관한 승인서
2. 법 제29조제3항에 따른 내국물품 확인서

3. 그 밖에 원재료로 사용된 물품의 수량 등을 증명할 수 있는 서류

⑤ 세관장은 법 제44조 후단에 따라 관세의 과세표준에서 공제할 내국물품의 수량 또는 가격을 산정하는 경우에는 해당 물품을 반입한 날이나 내국물품 확인서를 발급받은 날을 기준으로 하여야 한다.

[전문개정 2011. 7. 15.]

제31조(자유무역지역 예정지역에서 관세등이 면제되는 시설재) 법 제46조제1항에서 "대통령령으로 정하는 시설재"란 다음 각 호의 어느 하나에 해당하는 물품을 말한다.

1. 건물 또는 공장의 건축에 직접 사용되는 건설자재

2. 건물 또는 공장의 설치·운영에 직접 사용되는 기계, 기자재, 시설품, 기구 및 장비

[전문개정 2011. 7. 15.]

제31조의2(입주기업체의 기술개발활동 지원 기준) ① 국가나 지방자치단체는 법 제49조에 따라 다음 각 호의 어느 하나에 해당하는 입주기업체에 자금을 지원할 수 있다.

1. 「조세특례제한법 시행령」 제116조의2제1항제2호에 따른 고도의 기술을 수반하는 사업을 하는 자

2. 「산업발전법」 제5조에 따른 첨단기술을 사용하여 사업을 하거나 첨단제품을 생산하는 자

3. 그 밖에 관리권자가 해당 지역의 산업적 특성을 고려하여 법 제28조의2제2항에 따라 공고하는 입주관리 요령에 포함되는 업무에 해당하는 사업을 하는 자

② 기술개발활동 지원사업의 세부적인 시행절차 및 운용 등에 관하여는 산업통상자원부장관이 정하여 고시한다. 〈개정 2013. 3. 23.〉

[본조신설 2011. 7. 15.]

제31조의2(입주기업체의 기술개발활동 지원 기준) ① 국가나 지방자치단체는 법 제49조에 따라 다음 각 호의 어느 하나에 해당하는 입주기업체에 자금을 지원할 수 있다.

1. 「조세특례제한법 시행령」 제116조의2제1항제2호에 따른 고도의 기술을 수반하는 사업을 하는 자

2. 「산업발전법」 제5조에 따른 첨단기술을 사용하여 사업을 하거나 첨단제품을 생산하는 자

3. 그 밖에 관리권자가 해당 지역의 산업적 특성을 고려하여 법 제28조의2제2항에 따라 공고하는 입주관리 요령에 포함되는 업무에 해당하는 사업을 하는 자

② 기술개발활동 지원사업의 세부적인 시행절차 및 운용 등에 관하여는 산업통상자원부장관이 정하여 고시하거나 해당 지방자치단체의 조례로 정한다. 〈개정 2013. 3. 23., 2025. 3. 25.〉

[본조신설 2011. 7. 15.]

[시행일: 2026. 3. 26.] 제31조의2

제6장 보칙

제32조 삭제 〈2022. 10. 4.〉

제33조 삭제 〈2011. 7. 15.〉

제34조 삭제 〈2011. 7. 15.〉

第35조 삭제 〈2011. 7. 15.〉

第36조(행정기구 등의 설치) ① 법 제51조제2항에 따라 기획재정부장관, 법무부장관, 산업통상자원부장관, 보건복지부장관, 고용노동부장관 및 관세청장은 관세·조세의 부과·징수, 출입국관리, 우편·통신, 검역, 노무에 관한 사무를 처리하기 위하여 자유무역지역에 출장소를 설치하거나 소속 공무원을 상주시킬 수 있다. 〈개정 2013. 3. 23.〉

② 제1항에 따라 자유무역지역에 출장소를 설치하거나 소속 공무원을 상주시키려는 행정기관의 장은 미리 관리권자와 협의하여야 한다.

[전문개정 2011. 7. 15.]

第37조(자유무역지역에 대한 합동조사) 산업통상자원부장관은 국토교통부장관 및 해양수산부장관과 합동으로 자유무역지역조사반을 편성하여 제40조에 따라 위임 또는 위탁을 받은 기관의 입주계약, 수출입 현황 및 「대외무역법」에 따른 원산지의 관리실태 등에 관한 사항을 점검 또는 확인하게 할 수 있고, 관리권자로 하여금 그 점검 또는 확인에 필요한 자료를 제출하게 할 수 있다. 〈개정 2013. 3. 23., 2016. 7. 26.〉

[전문개정 2011. 7. 15.]

第38조(물류 관련 정보의 제공 등) ① 관리권자 및 관세청장은 자유무역지역의 물류산업을 육성하기 위하여 비영리법인과 협약을 체결하여 그 비영리법인으로 하여금 물류 관련 외국인투자의 유치, 물류기업의 육성 및 해외진출 지원, 물류 관련 정보의 수집·제공 및 연구 등의 지원활동을 하게 할 수 있다.

② 관리권자 및 관세청장은 제1항에 따른 비영리법인에 예산의 범위에서 필요한 경비를 지원할 수 있다.

[전문개정 2011. 7. 15.]

제39조(전자적 방법에 의한 신청 등) 이 영에 따른 신청, 통보 및 서류의 제출은 정보통신망을 이용한 전자적 방법으로 할 수 있다.

[전문개정 2011. 7. 15.]

제40조(권한의 위임ㆍ위탁) ① 법 제55조제2항에 따라 기획재정부장관은 자유무역지역에서의 「조세특례제한법」 제121조의2 및 제121조의4에 따른 외국인투자에 대한 조세감면 신청 및 조세감면 변경신청의 접수와 감면, 감면내용 변경, 감면대상 해당 여부의 결정ㆍ확인ㆍ통지에 관한 권한을 관리권자에게 위탁한다.

② 관리권자는 제1항에 따라 위탁받은 권한에 속하는 사무를 처리하였을 때에는 그 결과를 기획재정부장관에게 통보하여야 한다.

③ 법 제55조제3항에서 "대통령령으로 정하는 법인"이란 다음 각 호의 법인을 말한다.

1. 한국공항공사
2. 인천국제공항공사
3. 항만공사
4. 삭제 〈2011. 8. 11.〉

④ 산업통상자원부장관은 법 제55조제3항에 따라 법 제8조제1항제1호에 따른 산업단지의 자유무역지역에 대한 관리권자의 다음 각 호의 권한을 자유무역지역 관리원장에게 위임한다. 〈개정 2013. 3. 23., 2016. 7. 26., 2022. 7. 5.〉

1. 법 제8조제2항에 따른 자유무역지역의 관리업무

2. 법 제9조에 따른 자유무역지역의 구분

3. 법 제11조에 따른 입주계약 및 계약의 변경

4. 법 제14조제2항에 따른 공장설립등의 완료신고, 공장의 등록, 공장등록증명서의 발급, 공장의 등록취소 및 과태료 부과 · 징수

5. 법 제15조에 따른 입주계약의 해지

6. 법 제16조에 따른 입주계약 등의 통보

7. 법 제17조에 따른 국유의 토지 또는 공장등의 임대 · 매각 및 임대기간의 설정 · 갱신

8. 법 제19조에 따른 토지 또는 공장등 매입대금의 납부연기 및 분할납부

9. 법 제20조에 따른 임대료 감면

10. 법 제21조에 따른 임대료 납부의 독촉, 임대계약의 해지 및 체납처분

11. 법 제23조제3항에 따른 건축 허가 및 신고의 수리(受理) 등

12. 법 제25조에 따른 토지 또는 공장등의 양수, 양수인 선정, 양도 · 임대 또는 사용 신고의 수리

13. 법 제26조제1항제3호에 따른 토지 또는 공장등의 양수

14. 법 제27조제1항부터 제3항까지의 규정에 따른 통제시설의 설치 및 유지 · 관리 등

14의2. 법 제27조제4항에 따른 자유무역지역을 출입하는 사람 및 자동차의 기록 관리

15. 법 제28조에 따른 공동시설 유지비의 징수, 독촉 및 체납처분

16. 법 제28조의2제2항에 따른 입주관리 요령의 공고 및 변경공고

17. 법 제32조제1항 및 제3항에 따른 수입 또는 수출이 제한된 물품의 반입 및 반출 승인

18. 법 제39조제5항에 따른 입주기업체의 물품 반입·반출실적에 대한 자료 제공 요청

19. 법 제54조제1항에 따른 청문의 실시

20. 제1항에 따른 외국인투자에 대한 조세감면 신청 및 조세감면 변경신청의 접수와 감면, 감면내용 변경, 감면대상 해당 여부의 결정·확인·통지에 관한 권한, 제2항에 따른 기획재정부장관에 대한 사무처리결과 통보

21. 법 제70조제1항, 같은 조 제2항제1호 및 제3항제1호에 따른 과태료의 부과 및 징수

⑤ 국토교통부장관은 법 제55조제3항에 따라 법 제8조제1항제2호에 따른 공항 및 배후지의 자유무역지역에 대한 다음 각 호의 권한을 서울지방항공청장에게 위임한다. 〈개정 2013. 3. 23., 2016. 7. 26.〉

1. 법 제9조에 따른 지구의 구분

2. 삭제 〈2016. 7. 26.〉

3. 삭제 〈2016. 7. 26.〉

4. 삭제 〈2016. 7. 26.〉

5. 법 제17조에 따른 국유의 토지 또는 공장등의 임대 및 매각

6. 법 제19조에 따른 토지 또는 공장등 매입대금의 납부연기 및

분할납부

7. 법 제20조에 따른 임대료 감면

8. 법 제21조에 따른 임대료 등의 독촉 및 체납처분

9. 법 제23조에 따른 건축 허가 및 신고의 수리 등

10. 법 제25조에 따른 토지 또는 공장등의 양수, 양수인의 선정, 양도·임대 또는 사용 신고의 수리

11. 삭제 〈2016. 7. 26.〉

12. 삭제 〈2016. 7. 26.〉

13. 삭제 〈2016. 7. 26.〉

14. 제1항에 따른 외국인투자에 대한 조세감면 신청 및 조세감면 변경신청의 접수와 감면, 감면내용 변경, 감면대상 해당 여부의 결정·확인·통지에 관한 권한, 제2항에 따른 기획재정부장관에 대한 사무처리 결과 통보

15. 법 제70조제1항, 같은 조 제2항제1호 및 제3항제1호에 따른 과태료의 부과 및 징수

⑥ 국토교통부장관은 법 제55조제3항에 따라 법 제8조제1항제2호에 따른 공항 및 배후지의 자유무역지역에 대한 다음 각 호의 권한을 한국공항공사 또는 인천국제공항공사에 위탁한다. 〈개정 2016. 7. 26.〉

1. 법 제8조제2항에 따른 자유무역지역의 관리업무

2. 법 제11조에 따른 입주계약 및 계약의 변경

3. 법 제15조에 따른 입주계약의 해지

4. 법 제16조에 따른 입주계약 등의 통보

5. 법 제26조제1항제3호에 따른 토지 또는 공장등의 양수

6. 법 제27조제1항부터 제3항까지의 규정에 따른 통제시설의 설치 및 유지ㆍ관리 등

7. 법 제27조제4항에 따른 자유무역지역을 출입하는 사람 및 자동차의 기록 관리

8. 법 제28조에 따른 공동시설의 유지비 징수 등

9. 법 제28조의2제2항에 따른 입주관리 요령의 공고 및 변경 공고

10. 법 제39조제5항에 따른 입주기업체의 물품 반입ㆍ반출실적에 대한 자료 제공 요청

11. 법 제54조제1항에 따른 청문의 실시

⑦ 해양수산부장관은 법 제55조제3항에 따라 법 제8조제1항제4호에 따른 항만 및 배후지의 국유 및 사유재산에 대한 다음 각 호의 권한을 지방해양수산청장에게 위임한다. 다만, 「항만공사법」 제6조에 따라 항만공사에 출자된 재산, 같은 법 제27조에 따라 해당 항만공사에 무상대부 또는 무상사용ㆍ수익이 허가된 재산, 해당 항만공사가 직접 취득한 재산, 「항만법」 제24조에 따라 지방자치단체에 항만시설관리권이 설정된 재산 및 같은 법 제66조에 따라 항만공사가 1종 항만배후단지관리기관으로 지정되어 관리하는 재산에 대한 제1호, 제3호, 제4호부터 제6호(매각으로 한정한다)까지, 제9호, 제13호부터 제18호까지에서 규정한 권한은 제외한다. 〈개정 2016. 7. 26., 2020. 7. 28., 2022. 7. 5.〉

1. 법 제8조제2항에 따른 자유무역지역의 관리업무

2. 법 제9조에 따른 자유무역지역의 구분

3. 법 제11조에 따른 입주계약 및 계약의 변경

3의2. 법 제14조제2항에 따른 공장설립등의 완료신고, 공장의 등록, 공장등록증명서의 발급, 공장의 등록취소 및 과태료 부과 · 징수

4. 법 제15조에 따른 입주계약의 해지

5. 법 제16조에 따른 입주계약 등의 통보

6. 법 제17조에 따른 국유의 토지 또는 공장등의 임대 및 매각 등

7. 법 제19조제1항에 따른 국유의 토지 또는 공장등 매입대금의 납부연기 및 분할납부

8. 법 제20조에 따른 임대료 감면

9. 법 제21조에 따른 임대료 등의 징수, 독촉, 체납처분 및 임대계약의 해지

10. 법 제23조에 따른 건축허가 및 신고의 수리 등

11. 법 제25조에 따른 토지 또는 공장등의 양수, 양수인 선정, 양도 · 임대 또는 사용 신고의 수리

12. 법 제26조제1항제3호에 따른 토지 또는 공장등의 양수

13. 법 제27조제1항부터 제3항까지의 규정에 따른 통제시설의 설치 및 유지 · 관리 등

14. 법 제27조제4항에 따른 자유무역지역을 출입하는 사람 및 자동차의 기록 관리

15. 법 제28조에 따른 공동시설의 유지비 징수 등

16. 법 제28조의2제2항에 따른 입주관리 요령의 공고 및 변경공고

17. 법 제39조제5항에 따른 입주기업체의 물품 반입·반출실적에 대한 자료 제공 요청

18. 법 제54조제1항에 따른 청문의 실시

19. 제1항에 따른 외국인투자에 대한 조세감면 신청 및 조세감면 변경신청의 접수와 감면, 감면내용 변경, 감면대상 해당 여부의 결정·확인·통지에 관한 권한, 제2항에 따른 기획재정부장관에 대한 사무처리 결과 통보

20. 법 제70조제1항, 같은 조 제2항제1호 및 같은 조 제3항제1호에 따른 과태료의 부과 및 징수

⑧ 해양수산부장관은 법 제55조제3항에 따라 법 제8조제1항제4호에 따른 항만 및 배후지의 국유 및 사유재산(「항만공사법」 제6조에 따라 항만공사에 출자된 재산, 같은 법 제27조에 따라 해당 항만공사에 무상대부 또는 무상사용·수익이 허가된 재산, 해당 항만공사가 직접 취득한 재산 및 「항만법」 제66조에 따라 항만공사가 1종 항만배후단지관리기관으로 지정되어 관리하는 재산만을 의미한다)에 대한 다음 각 호의 권한을 항만공사에 위탁한다. 〈개정 2016. 7. 26., 2022. 7. 5.〉

1. 법 제8조제2항에 따른 자유무역지역의 관리업무

2. 법 제11조에 따른 입주계약 및 계약의 변경

3. 법 제15조에 따른 입주계약의 해지

4. 법 제16조에 따른 입주계약 등의 통보

4의2. 법 제17조에 따른 국유의 토지 또는 공장등의 임대

4의3. 법 제21조에 따른 임대료 등의 징수, 독촉, 체납처분 및

임대계약의 해지

5. 법 제27조제1항부터 제3항까지의 규정에 따른 통제시설의 설치 및 유지·관리 등

6. 법 제27조제4항에 따른 자유무역지역을 출입하는 사람 및 자동차의 기록 관리

7. 법 제28조에 따른 공동시설의 유지비 징수 등

7의2. 법 제28조의2제2항에 따른 입주관리 요령의 공고 및 변경 공고

8. 법 제39조제5항에 따른 입주기업체의 물품 반입·반출실적에 대한 자료 제공 요청

9. 법 제54조제1항에 따른 청문의 실시

⑨ 해양수산부장관은 법 제55조제3항에 따라 법 제8조제1항제4호에 따른 항만 및 배후지의 시·도의 공유재산에 대한 다음 각 호의 권한을 시·도지사에게 위임한다. 〈개정 2013. 3. 23., 2016. 7. 26.〉

1. 법 제8조제2항에 따른 자유무역지역의 관리업무
2. 법 제9조에 따른 자유무역지역의 구분
3. 법 제11조에 따른 입주계약 및 계약의 변경
4. 법 제15조에 따른 입주계약의 해지
5. 법 제16조에 따른 입주계약 등의 통보
6. 법 제23조에 따른 건축 허가 및 신고의 수리 등
7. 법 제25조에 따른 토지 또는 공장등의 양수, 양수인 선정, 양도·임대 또는 사용 신고 수리

8. 법 제26조제1항제3호에 따른 토지 또는 공장등의 양수

9. 법 제27조제1항부터 제3항까지의 규정에 따른 통제시설의 설치 및 유지·관리 등

9의2. 법 제27조제4항에 따른 자유무역지역을 출입하는 사람 및 자동차의 기록 관리

10. 법 제28조에 따른 공동시설의 유지비 징수 등

11. 법 제28조의2제2항에 따른 입주관리 요령의 공고 및 변경공고

12. 법 제39조제5항에 따른 입주기업체의 물품 반입·반출실적에 대한 자료 제공 요청

13. 법 제54조제1항에 따른 청문의 실시

14. 제1항에 따른 외국인투자에 대한 조세감면 신청 및 조세감면 변경신청의 접수와 감면, 감면내용 변경, 감면대상 해당 여부의 결정·확인·통지에 관한 권한, 제2항에 따른 기획재정부장관에 대한 사무처리 결과 통보

15. 법 제70조제1항, 같은 조 제2항제1호 및 제3항제1호에 따른 과태료의 부과 및 징수

⑩ 해양수산부장관은 법 제55조제3항에 따라 법 제8조제1항제4호에 따른 항만 및 배후지의 시·군·구의 공유재산에 대한 제9항 각 호의 권한을 시장·군수 또는 구청장에게 위임한다. 〈개정 2013. 3. 23.〉

⑪ 해양수산부장관은 법 제55조제3항에 따라 법 제8조제1항제4호에 따른 항만 및 배후지의 국유재산 중 「항만법」 제24조에 따라

지방자치단체에 항만시설관리권이 설정된 재산에 대한 다음 각 호의 권한을 해당 재산의 관리권을 설정받은 지방자치단체의 장에게 위임한다. 〈신설 2016. 7. 26., 2020. 7. 28., 2022. 7. 5.〉

1. 법 제8조제2항에 따른 자유무역지역의 관리업무

2. 법 제11조에 따른 입주계약 및 계약의 변경

3. 법 제15조에 따른 입주계약의 해지

4. 법 제16조에 따른 입주계약 등의 통보

4의2. 법 제17조에 따른 국유의 토지 또는 공장등의 임대

4의3. 법 제21조에 따른 임대료 등의 징수, 독촉, 체납처분 및 임대계약의 해지

5. 법 제27조제1항부터 제3항까지의 규정에 따른 통제시설의 설치 및 유지 · 관리 등

6. 법 제27조제4항에 따른 자유무역지역을 출입하는 사람 및 자동차의 기록 관리

7. 법 제28조에 따른 공동시설의 유지비 징수 등

7의2. 법 제28조의2제2항에 따른 입주관리 요령의 공고 및 변경 공고

8. 법 제39조제5항에 따른 입주기업체의 물품 반입 · 반출실적에 대한 자료 제공 요청

9. 법 제54조제1항에 따른 청문의 실시

[전문개정 2011. 7. 15.]

제40조의2(고유식별정보의 처리) 관리권자(제40조에 따라 관리권자의 권한을 위임 · 위탁받은 자를 포함한다)는 법 제12조에 따른 입주계약

을 체결하려는 자의 결격사유 확인에 관한 사무를 수행하기 위하여 불가피한 경우 「개인정보 보호법 시행령」 제19조제1호에 따른 주민등록번호가 포함된 자료를 처리할 수 있다. 〈개정 2016. 7. 26.〉

[본조신설 2014. 8. 6.]

[종전 제40조의2는 제40조의3으로 이동 〈2014. 8. 6.〉]

제40조의3(규제의 재검토) ①산업통상자원부장관은 다음 각 호의 사항에 대하여 다음 각 호의 기준일을 기준으로 3년마다(매 3년이 되는 해의 기준일과 같은 날 전까지를 말한다) 그 타당성을 검토하여 개선 등의 조치를 하여야 한다. 〈개정 2014. 12. 9.〉

1. 제7조에 따른 입주 자격: 2014년 1월 1일

2. 제15조에 따른 공장등의 임대허가 요건: 2014년 1월 1일

3. 삭제 〈2020. 3. 3.〉

② 산업통상자원부장관은 다음 각 호의 사항에 대하여 다음 각 호의 기준일을 기준으로 2년마다(매 2년이 되는 해의 기준일과 같은 날 전까지를 말한다) 그 타당성을 검토하여 개선 등의 조치를 하여야 한다. 〈신설 2014. 12. 9., 2016. 7. 26.〉

1. 제8조에 따른 입주계약의 변경계약 사항 및 절차: 2015년 1월 1일

2. 제9조제1항ㆍ제2항 및 제5항에 따른 입주계약해지자의 공장등의 처분계획서 제출의무 및 처분절차: 2015년 1월 1일

3. 제14조에 따른 공장등의 건축 시 관리권자의 통보의무: 2015년 1월 1일

4. 제19조에 따른 국외 반출 시 신고사항: 2015년 1월 1일

5. 제20조에 따른 내국물품의 반출 확인 생략물품 등: 2015년 1월 1일

6. 제23조에 따른 외국물품등의 일시 반출·반입: 2015년 1월 1일

7. 제24조에 따른 역외작업의 신고사항, 역외작업의 범위 및 반출기간 등: 2015년 1월 1일

8. 제28조에 따른 물품 폐기 공고 등: 2015년 1월 1일

9. 제41조 및 별표에 따른 과태료의 부과기준: 2015년 1월 1일

[본조신설 2013. 12. 30.]

[제40조의2에서 이동 〈2014. 8. 6.〉]

제41조(과태료의 부과기준) 법 제70조제1항부터 제3항까지의 규정에 따른 과태료의 부과기준은 별표와 같다.

[본조신설 2009. 10. 1.]

부칙 〈제18437호, 2004. 6. 22.〉

제116조의2 제9항제1호 및 제2호를 다음과 같이 하고, 동조제10항제1호중 "제9항제1호 가목"을 "제9항제1호"로 하며, 동항제2호중 "제9항제1호 나목 및 동항제2호"를 "제9항제2호"로 한다.

1. 자유무역지역의지정및운영에관한법률 제10조제1항제1호의 규정에 의한 입주기업체의 사업

2. 자유무역지역의지정및운영에관한법률 제10조제1항제3호의 규정에 의한 입주기업체의 사업

제116조의13 제2항중 "산업자원부장관"을 "관리권자"로 하고, 동조제3항중 "주무부장관은"을 "주무부장관 및 관리권자는"으로 한다.

④(다른 법령과의 관계) 이 영 시행 당시 다른 법령에서 종전의 국제물류기지육성을 위한관세자유지역의지정및운영에관한법률시행령과 자유무역지역의지정등에관한법률시행령 또는 그 규정을 인용하고 있는 경우 이 영중 그에 해당하는 규정이 있는 때에는 이 영 또는 이 영의 해당 규정을 인용한 것으로 본다.

부칙 〈제19154호, 2005. 11. 30.〉

①(시행일) 이 영은 공포한 날부터 시행한다.

②(관세등의 면제 시설재에 관한 적용례) 제31조제2호의 개정규정은 이 영 시행후 최초로 자유무역예정지역에 반입하는 시설재부터 적용한다.

③(허가여부 통지기간에 관한 경과조치) 이 영 시행 전에 관리권자가 입주허가 또는 변경허가 신청을 받은 경우 그 허가 또는 변경허가 여부의 통지기간은 제8조제3항의 개정규정에 불구하고 종전의 규정에 의한다.

부칙 〈제19593호, 2006. 6. 30.〉 (건설교통부와 그 소속기관 직제)

제1조 (시행일) 이 영은 2006년 7월 1일부터 시행한다.

제2조 (다른 법령의 개정) ①생략

②자유무역지역의 지정 및 운영에 관한 법률 시행령 일부를 다음과 같이 개정한다.

제40조제5항 각 호 외의 부분 중 "항공안전본부장"을 "서울지방

항공청장"으로 한다.

부칙 〈제20105호, 2007. 6. 26.〉

제1조 (시행일) 이 영은 2007년 6월 27일부터 시행한다.

제2조 (다른 법령의 개정) 조세특례제한법 시행령 일부를 다음과 같이 개정한다.

제116조의2제9항제1호 중 "제10조제1항제1호의 규정에 의한"을 "제10조제1항제1호의2에 따른"으로 한다.

제116조의15제2항제1호 중 "제10조제1항제1호"를 "제10조제1항제1호의2"로 한다.

부칙 〈제20331호, 2007. 10. 23.〉 (통계법 시행령)

제1조 (시행일) 이 영은 2007년 10월 28일부터 시행한다. 〈단서 생략〉

제2조 (다른 법령의 개정) ① 부터 ㉑ 까지 생략

㉒ 자유무역지역의 지정 및 운영에 관한 법률 시행령 일부를 다음과 같이 개정한다.

제8조제2항 중 "「통계법」 제17조제1항"을 "「통계법」 제22조제1항"으로 한다.

㉓ 부터 ㉜ 까지 생략

제3조 생략

부칙 〈제20398호, 2007. 11. 30.〉 (해운법 시행령)

제1조 (시행일) 이 영은 공포한 날로부터 시행한다.

제2조 생략

제3조 (다른 법령의 개정) ① 및 ② 생략

③ 자유무역지역의 지정 및 운영에 관한 법률 시행령 일부를 다음과 같이 개정한다.

제7조제5항제6호 중 "「해운법」 제34조의 규정에 의한"을 "「해운법」 제33조에 따른"으로 한다.

④ 부터 ⑥ 까지 생략

부칙 〈제20678호, 2008. 2. 29.〉 (지식경제부와 그 소속기관 직제)

제1조(시행일) 이 영은 공포한 날부터 시행한다. 〈단서 생략〉

제2조 부터 제6조까지 생략

제7조(다른 법령의 개정) ① 부터 〈59〉 까지 생략

〈60〉 자유무역지역의 지정 및 운영에 관한 법률 시행령 일부를 다음 과 같이 개정한다.

제2조제1항 본문 및 단서, 제7조제5항제18호, 제21조제1항 · 제2항 · 제3항 단서, 제37조, 제40조제4항 각 호 외의 부분 중 "산업자원부장관"을 각각 "지식경제부장관"으로 한다.

제9조제1항 · 제3항, 제12조제1항 중 "산업자원부령"을 각각 "지식경제부령"으로 한다.

제11조제3항 각 호 외의 부분 본문, 제40조제1항 · 제2항 · 제4항제17호 · 제5항제13호 · 제7항제17호 · 제9항제13호 중 "재정경제부

장관"을 각각 "기획재정부장관"으로 한다.

제32조제1항 중 "재정경제부차관 · 외교통상부차관 · 행정자치부차관 · 농림부차관 · 환경부차관 · 건설교통부차관 · 해양수산부차관 및 기획예산처차관"을 "기획재정부차관 · 외교통상부차관 · 행정안전부차관 · 농림수산식품부차관 · 환경부차관 및 국토해양부차관"으로 한다.

제32조제5항 중 "산업자원부"를 "지식경제부"로 한다.

제36조제1항 중 "재정경제부장관 · 법무부장관 · 정보통신부장관 · 보건복지부장관"을 "기획재정부장관 · 법무부장관 · 지식경제부장관 · 보건복지가족부장관"으로 한다.

제37조 중 "건설교통부장관 및 해양수산부장관"을 "국토해양부장관"으로 한다.

제40조제5항 각 호 외의 부분 · 제6항 각 호 외의 부분 중 "건설교통부장관"을 각각 "국토해양부장관"으로 하고, 같은 조 제7항 각 호 외의 부분 전단 중 "해양수산부장관"을 "국토해양부장관"으로, "해양수산부"를 "국토해양부"로 하며, 같은 조 제8항 각 호 외의 부분 · 제9항 각 호 외의 부분 · 제10항 중 "해양수산부장관"을 각각 "국토해양부장관"으로 한다.

〈61〉 부터 〈86〉 까지 생략

부칙 〈제21185호, 2008. 12. 24.〉 (환경영향평가법 시행령)

제1조(시행일) 이 영은 2009년 1월 1일부터 시행한다. 〈단서 생략〉

제2조 및 제3조 생략

제4조(다른 법령의 개정) ① 부터 ⑬ 까지 생략

⑭ 자유무역지역의 지정 및 운영에 관한 법률 시행령 일부를 다음과 같이 개정한다.

제2조제2항제10호 중 "「환경 · 교통 · 재해 등에 관한 영향평가법」"을 "「환경영향평가법」"으로 한다.

⑮ 부터 ㉒ 까지 생략

제5조 생략

부칙 〈제21215호, 2008. 12. 31.〉 (행정정보의 공동이용 및 문서감축을 위한 개별소비세법 시행령 등 일부개정령)

이 영은 공포한 날부터 시행한다.

부칙 〈제21367호, 2009. 3. 25.〉

제1조(시행일) 이 영은 공포한 날부터 시행한다.

제2조(적용례) 제12조제3항 및 제4항의 개정규정은 이 영 시행 후 최초로 도래하는 납부기한에 납부하는 이자분부터 적용한다.

부칙 〈제21641호, 2009. 7. 27.〉 (국유재산법 시행령)

제1조(시행일) 이 영은 2009년 7월 31일부터 시행한다. 〈단서 생략〉

제2조 부터 제13조까지 생략

제14조(다른 법령의 개정) ① 부터 ㊷ 까지 생략

㊸ 자유무역지역의 지정 및 운영에 관한 법률 시행령 일부를 다음과 같이 개정한다.

제12조제1항 중 "「국유재산법 시행령」 제44조제2항 각호의 1"을

“「국유재산법 시행령」 제54조제2항 각 호의 어느 하나”로 한다.

㊹ 부터 〈65〉 까지 생략

제15조 생략

부칙 〈제21763호, 2009. 10. 1.〉

제1조(시행일) 이 영은 2009년 10월 2일부터 시행한다.

제2조(적용례) ① 별표의 개정규정은 이 영 시행 후 최초로 위반행위를 한 것부터 적용한다.

② 별표의 개정규정에 따라 위반행위의 횟수에 따른 과태료의 부과기준을 적용하는 경우 이 영 시행 후 최초로 행한 위반행위를 1회 위반행위로 본다.

제3조(경과조치) 이 영 시행 전의 행위에 대하여 과태료를 적용할 때에는 종전의 예에 따른다.

제4조(다른 법령의 개정) 행정권한의 위임 및 위탁에 관한 규정 일부를 다음과 같이 개정한다.

제32조제4항제1호가목, 바목, 아목, 자목, 너목 및 러목을 각각 삭제한다.

부칙 〈제22075호, 2010. 3. 15.〉 (보건복지부와 그 소속기관 직제)

제1조(시행일) 이 영은 2010년 3월 19일부터 시행한다. 〈단서 생략〉

제2조(다른 법령의 개정) ① 부터 〈129〉 까지 생략

〈130〉 자유무역지역의 지정 및 운영에 관한 법률 시행령 일부를 다음과 같이 개정한다.

제36조제1항 중 "보건복지가족부장관"을 "보건복지부장관"으로 한다.

〈131〉 부터 〈187〉 까지 생략

부칙 〈제22151호, 2010. 5. 4.〉 (전자정부법 시행령)

제1조(시행일) 이 영은 2010년 5월 5일부터 시행한다.

제2조 및 제3조 생략

제4조(다른 법령의 개정) ① 부터 〈135〉 까지 생략

〈136〉 자유무역지역의 지정 및 운영에 관한 법률 시행령 일부를 다음과 같이 개정한다.

제11조제4항 중 "「전자정부법」 제21조제1항"을 "「전자정부법」 제36조제1항"으로 한다.

〈137〉 부터 〈192〉 까지 생략

부칙 〈제22220호, 2010. 6. 28.〉 (무역보험법 시행령)

제1조(시행일) 이 영은 2010년 7월 6일부터 시행한다.

제2조(다른 법령의 개정) ① 부터 ⑥ 까지 생략

⑦ 자유무역지역의 지정 및 운영에 관한 법률 시행령 일부를 다음과 같이 개정한다.

제7조제6항제4호를 다음과 같이 한다.

4. 「무역보험법」에 따른 한국무역보험공사

⑧ 부터 ⑭ 까지 생략

제3조 생략

부칙 〈제22269호, 2010. 7. 12.〉 (고용노동부와 그 소속기관 직제)

제1조(시행일) 이 영은 공포한 날부터 시행한다. 〈단서 생략〉

제2조(다른 법령의 개정) ① 부터 〈95〉 까지 생략

〈96〉 자유무역지역의 지정 및 운영에 관한 법률 시행령 일부를 다음과 같이 개정한다.

제36조제1항 중 "노동부장관"을 "고용노동부장관"으로 한다.

〈97〉 부터 〈136〉 까지 생략

부칙 〈제22467호, 2010. 11. 2.〉 (행정정보의 공동이용 및 문서감축을 위한 경제교육지원법 시행령 등 일부개정령)

이 영은 공포한 날부터 시행한다.

부칙 〈제23032호, 2011. 7. 15.〉

제1조(시행일) 이 영은 공포한 날부터 시행한다.

제2조(자유무역지역 기본계획에 관한 적용례) 제2조제1항의 개정규정은 이 영 시행 후 최초로 제출되는 자유무역지역 기본계획부터 적용한다.

제3조(자유무역지역 입주자격에 관한 적용례) 제7조제2항의 개정규정은 이 영 시행 후 최초로 입주허가를 받는 자부터 적용한다.

제4조(입주기업체의 사업을 지원하는 업종에 관한 적용례) 제7조제6항제18호의 개정규정은 이 영 시행 후 최초로 관리권자와 체결하는 입주계약부터 적용한다.
제5조(항만 및 배후지의 사유재산 관리에 관한 경과조치) 이 영 시행 당시 종전의 제40조제10항에 따른 시장·군수·구청장의 항만 및 배후지의 사유재산에 대한 허가 및 신고 수리 등의 행위는 제40조제7항의 개정규정에 따른 지방해양항만청장의 항만 및 배후지의 사유재산에 대한 허가 및 신고 수리 등의 행위로 본다.
제6조(입주기업체의 기술개발활동 지원기준에 관한 경과조치) 이 영 시행 당시 종전의 예에 따른 기술개발활동 지원사업에 관한 고시는 제31조의2제2항의 개정규정에 따른 고시로 본다.
제7조(규제의 재검토) 산업통상자원부장관은 제7조제2항의 입주자격이 적절한지를 2014년 12월 31일까지 검토하여 그 기준의 완화 또는 유지 등의 조치를 하여야 한다. 〈개정 2013. 3. 23.〉

부칙 〈제23073호, 2011. 8. 11.〉 (한국컨테이너부두공단법 시행령)
제1조(시행일) 이 영은 2011년 8월 19일부터 시행한다.
제2조(다른 법령의 개정) ①부터 ⑧까지 생략
⑨ 자유무역지역의 지정 및 운영에 관한 법률 시행령 일부를 다음과 같이 개정한다.
제7조제7항제7호 및 제40조제3항제4호를 각각 삭제한다.
제40조제7항 각 호 외의 부분 중 "「항만공사법」 제6조에 따라 항

만공사에 출자한 재산, 해당 항만공사가 직접 취득한 재산 및 「한국컨테이너부두공단법」 제7조의 사업을 위한 재산"을 "「항만공사법」 제6조에 따라 항만공사에 출자한 재산 및 해당 항만공사가 직접 취득한 재산"으로 한다.

제40조제8항 각 호 외의 부분 본문 중 "항만공사(「한국컨테이너부두공단법」 제7조의 사업을 위한 재산은 제외한다) 또는 한국컨테이너부두공단(「항만공사법」 제6조에 따라 항만공사에 출자한 재산, 해당 항만공사가 직접 취득한 재산은 제외한다)"을 "항만공사"로, 같은 항 각 호 외의 부분 단서 중 "항만공사 또는 한국컨테이너부두공단이"를 "항만공사가"로 한다.

⑩ 생략

부칙 〈제24442호, 2013. 3. 23.〉 (산업통상자원부와 그 소속기관 직제)

제1조(시행일) 이 영은 공포한 날부터 시행한다. 〈단서 생략〉

제2조 부터 제11조까지 생략

제12조(다른 법령의 개정) ①부터 〈60〉까지 생략

〈61〉 자유무역지역의 지정 및 운영에 관한 법률 시행령 일부를 다음과 같이 개정한다.

제2조제1항 본문, 제18조의2제2항, 제21조제1항·제2항, 같은 조 제3항 단서, 제31조의2제2항, 제36조제1항, 제37조 및 제40조제4항 각 호 외의 부분 중 "지식경제부장관"을 각각 "산업통상자원부장관"으로 한다.

제2조제3항을 다음과 같이 한다.

③ 법 제4조제3항 본문에서 "기획재정부장관, 국토교통부장관 등 대통령령으로 정하는 관계 중앙행정기관의 장"이란 기획재정부장관, 외교부장관, 안전행정부장관, 농림축산식품부장관, 환경부장관, 국토교통부장관, 해양수산부장관 및 관세청장을 말한다.

제9조제1항·제3항 및 제12조제1항 중 "지식경제부령"을 각각 "산업통상자원부령"으로 한다.

제37조 중 "국토해양부장관"을 "국토교통부장관 및 해양수산부장관"으로 한다.

제40조제5항 각 호 외의 부분 및 제6항 각 호 외의 부분 중 "국토해양부장관"을 각각 "국토교통부장관"으로 한다.

제40조제7항 각 호 외의 부분, 제8항 각 호 외의 부분, 제9항 각 호 외의 부분 및 같은 조 제10항 중 "국토해양부장관"을 각각 "해양수산부장관"으로 한다.

제40조제7항 각 호 외의 부분 중 "국토해양부"를 "해양수산부"로 한다.

대통령령 제23032호 자유무역지역의 지정 및 운영에 관한 법률 시행령 일부개정령 부칙 제7조 중 "지식경제부장관"을 "산업통상자원부장관"으로 한다.

〈62〉부터 〈92〉까지 생략

부칙 〈제25050호, 2013. 12. 30.〉 (행정규제기본법 개정에 따른 규제 재검토기한 설정을 위한 주택법 시행령 등 일부개정령)

이 영은 2014년 1월 1일부터 시행한다. 〈단서 생략〉

부칙 〈제25260호, 2014. 3. 18.〉

이 영은 공포한 날부터 시행한다.

부칙 〈제25495호, 2014. 7. 21.〉 (중견기업 성장촉진 및 경쟁력 강화에 관한 특별법 시행령)

제1조(시행일) 이 영은 2014년 7월 22일부터 시행한다.

제2조(다른 법령의 개정) ①부터 ⑦까지 생략

⑧ 자유무역지역의 지정 및 운영에 관한 법률 시행령 일부를 다음과 같이 개정한다.

제7조제1항 및 제4항 중 "「산업발전법」 제10조의2에 따른 중견기업"을 각각 "「중견기업 성장촉진 및 경쟁력 강화에 관한 특별법」 제2조제1호에 따른 중견기업"으로 한다.

⑨ 및 ⑩ 생략

부칙 〈제25532호, 2014. 8. 6.〉 (민감정보 및 고유식별정보 처리 근거 마련을 위한 공공기관의 운영에 관한 법률 시행령 등 일부개정령)

이 영은 2014년 8월 7일부터 시행한다.

부칙 〈제25751호, 2014. 11. 19.〉 (행정자치부와 그 소속기관 직제)

제1조(시행일) 이 영은 공포한 날부터 시행한다. 다만, 부칙 제5조에 따라 개정되는 대통령령 중 이 영 시행 전에 공포되었으나 시행일이 도래하지 아니한 대통령령을 개정한 부분은 각각 해당 대통령령의 시행일부터 시행한다.

제2조 부터 제4조까지 생략

제5조(다른 법령의 개정) ①부터 〈295〉까지 생략

〈296〉 자유무역지역의 지정 및 운영에 관한 법률 시행령 일부를 다음과 같이 개정한다.

제2조제3항 중 "안전행정부장관"을 "행정자치부장관"으로 한다.

〈297〉부터 〈418〉까지 생략

부칙 〈제25840호, 2014. 12. 9.〉 (규제 재검토기한 설정 등 규제정비를 위한 건축법 시행령 등 일부개정령)

제1조(시행일) 이 영은 2015년 1월 1일부터 시행한다.

제2조 부터 제16조까지 생략

부칙 〈제25985호, 2015. 1. 6.〉 (해양수산부와 그 소속기관 직제)

제1조(시행일) 이 영은 공포한 날부터 시행한다.

제2조 및 제3조 생략

제4조(다른 법령의 개정) ①부터 ⑩까지 생략

⑪ 자유무역지역의 지정 및 운영에 관한 법률 시행령 일부를 다음과 같이 개정한다.

제40조제7항 각 호 외의 부분 및 같은 조 제8항 각 호 외의 부분 단서 중 “지방해양항만청장”을 각각 “지방해양수산청장”으로 한다.

⑫부터 ㉚까지 생략

제5조 생략

부칙 〈제27386호, 2016. 7. 26.〉

제1조(시행일) 이 영은 2016년 7월 28일부터 시행한다.

제2조(입주허가 신청서 제출 등에 관한 경과조치) 이 영 시행 전에 종전의 제8조제1항에 따라 입주허가 신청서 또는 변경허가 신청서를 제출한 자는 제8조제1항의 개정규정에 따른 입주계약 신청서 또는 변경계약 신청서를 제출한 자로 본다.

제3조(입주허가가 취소된 자의 토지 또는 공장등의 처분에 관한 경과조치) 이 영 시행 전에 입주허가가 취소된 자의 토지 또는 공장등의 처분은 제9조제1항부터 제3항까지의 개정규정에도 불구하고 종전의 규정에 따른다.

부칙 〈제28212호, 2017. 7. 26.〉 (산업통상자원부와 그 소속기관 직제)

제1조(시행일) 이 영은 공포한 날부터 시행한다.

제2조 및 제3조 생략

제4조(다른 법령의 개정) ①부터 ㉒까지 생략

㉓ 자유무역지역의 지정 및 운영에 관한 법률 시행령 일부를 다음과 같이 개정한다.

제2조제3항 중 “행정자치부장관”을 “행정안전부장관”으로, “해양수산부장관”을 “해양수산부장관, 중소벤처기업부장관”으로 한다.

㉔부터 ㉜까지 생략

부칙 〈제29221호, 2018. 10. 10.〉

이 영은 2018년 10월 18일부터 시행한다.

부칙 〈제30509호, 2020. 3. 3.〉 (규제 재검토기한 해제 등을 위한 144개 대통령령의 일부개정에 관한 대통령령)

이 영은 공포한 날부터 시행한다.

부칙 〈제30876호, 2020. 7. 28.〉 (항만법 시행령)

제1조(시행일) 이 영은 2020년 7월 30일부터 시행한다.

제2조 부터 제13조까지 생략

제14조(다른 법령의 개정) ①부터 ⑮까지 생략

⑯ 자유무역지역의 지정 및 운영에 관한 법률 시행령 일부를 다음과 같이 개정한다.

제40조제7항 각 호 외의 부분 단서 및 같은 조 제11항 각 호 외의 부분 중 “「항만법」 제16조”를 각각 “「항만법」 제24조”로 한다.

⑰부터 ㉛까지 생략

제15조 생략

부칙 〈제31886호, 2021. 7. 13.〉

이 영은 공포한 날부터 시행한다.

부칙 〈제32229호, 2021. 12. 16.〉

이 영은 2021년 12월 16일부터 시행한다.

부칙 〈제32775호, 2022. 7. 5.〉

이 영은 공포한 날부터 시행한다.

부칙 〈제32936호, 2022. 10. 4.〉 (행정기관 소속 위원회 정비를 위한 계량에 관한 법률 시행령 등 4개 법령의 일부개정에 관한 대통령령)

이 영은 공포한 날부터 시행한다.

부칙 〈제33913호, 2023. 12. 12.〉 (행정법제 혁신을 위한 가덕도신공항 건설을 위한 특별법 시행령 등 123개 법령의 일부개정에 관한 대통령령)

이 영은 공포한 날부터 시행한다.

별표 / 서식

[별표] 과태료의 부과기준(제41조 관련)

자유무역지역의 지정 및 운영에 관한 법률 시행규칙
(약칭 : 자유무역지역법 시행규칙)

[시행 2022. 1. 21.] [산업통상자원부령 제448호, 2022. 1. 21., 타법개정]

**개정 예정 법률 밑줄 별도 표시.

자유무역지역의 지정 및 운영에 관한 법률 시행규칙
(약칭 : 자유무역지역법 시행규칙)

[시행 2022. 1. 21.] [산업통상자원부령 제448호, 2022. 1. 21., 타법개정]

제1조(목적) 이 규칙은 「자유무역지역의 지정 및 운영에 관한 법률」 및 같은 법 시행령에서 위임된 사항과 그 시행에 필요한 사항을 규정함을 목적으로 한다.

[전문개정 2011. 7. 15.]

제2조(자유무역지역에의 예외 입주) 「자유무역지역의 지정 및 운영에 관한 법률」(이하 "법"이라 한다) 제8조에 따른 관리권자(이하 "관리권자"라 한다)는 법 제10조제2항에 따라 다음 각 호의 어느 하나에 해당하는 자를 자유무역지역에 입주하게 할 수 있다. 다만, 해당 자유무역지역에서 국가 또는 지방자치단체가 소유하는 토지 또는 공장의 경우에는 그 토지 또는 공장의 총 연면적의 100분의 30 이내에서 입주하게 할 수 있다. 〈개정 2019. 11. 26.〉

1. 법 제10조제1항제1호부터 제3호까지의 입주기업체로서 「하도급거래 공정화에 관한 법률」 제2조제2항 각 호의 어느 하나에 해당하는 자로부터 제조등의 위탁을 받은 중소기업자(「중소기업기본법」

제2조제1항 또는 제3항에 따른 자를 말하며, 「중소기업협동조합법」에 따른 중소기업협동조합을 포함한다)

2. 법 제10조제1항제1호부터 제3호까지의 입주기업체와 기술제휴계약을 체결한 자

3. 제3조에 따라 입주계약을 신청할 당시 「중소기업창업 지원법」 제2조제2호에 따른 창업자 또는 같은 조 제2호의2에 따른 재창업자로서 입주계약의 계약기간(5년으로 한다)에 법 제10조제1항제1호 또는 제3호에 따른 입주요건을 갖출 수 있다고 관리권자가 인정하는 자

[본조신설 2011. 7. 15.]

[종전 제2조는 제3조로 이동 〈2011. 7. 15.〉]

제3조(입주계약 등의 신청) 법 제11조제1항 및 「자유무역지역의 지정 및 운영에 관한 법률 시행령」(이하 "영"이라 한다) 제8조에 따라 입주계약 또는 변경계약을 체결하려는 자는 별지 제1호서식의 입주계약 또는 변경계약 신청서에 다음 각 호의 서류를 첨부하여 관리권자에게 제출해야 한다. 〈개정 2016. 8. 2., 2021. 12. 16.〉

1. 사업계획서

2. 「외국인투자 촉진법」 제2조제1항제6호에 따른 외국인투자기업에 해당함을 증명하는 서류(외국인투자기업의 경우에만 첨부한다)

3. 해당 사업에 관한 인가 · 허가 · 면허 · 등록 등을 받았음을 증명하는 서류(법 제10조제1항제4호부터 제6호까지의 규정에 해당하는 사업을 하려는 경우에만 첨부한다)

4. 법 제11조제4항에 따른 세관장과의 사전협의가 완료되었음을

증명하는 서류(농림축산물을 원재료로 하는 제조업종·가공업종의 사업을 하려는 경우에만 첨부한다)

5. 개인정보 수집 및 활용 동의서

6. 관련 법령에 따라 입주자격 및 결격사유 확인 등에 필요한 서류

[전문개정 2011. 7. 15.]

[제목개정 2016. 8. 2.]

[제2조에서 이동, 종전 제3조는 제4조로 이동 〈2011. 7. 15.〉]

제4조 삭제 〈2016. 8. 2.〉

제4조의2(사업개시의 신고) ① 영 제8조의2제1항에 따른 사업개시 신고서는 별지 제2호서식과 같다.

② 영 제8조의2제1항에 따른 신고를 받은 담당 공무원은 「전자정부법」 제36조제1항에 따른 행정정보의 공동이용을 통하여 사업자등록증을 확인하여야 한다. 다만, 신고인이 담당 공무원의 확인에 동의하지 아니하는 경우에는 그 사본을 첨부하도록 하여야 한다.

③ 영 제8조의2제2항에 따른 확인서는 별지 제2호서식과 같다.

[본조신설 2011. 7. 15.]

제4조의3(시정기간) 법 제15조제2항 각 호 외의 부분 단서에서 “산업통상자원부령으로 정하는 기간”이란 1년을 말한다. 〈개정 2013. 3. 23.〉

[본조신설 2011. 7. 15.]

제5조 삭제 〈2016. 8. 2.〉

제6조(잔무처리업무) 법 제15조제3항에서 “산업통상자원부령으로 정하는 잔무 처리업무”란 남은 물품의 재고조사 및 처분을 말한다.

〈개정 2013. 3. 23.〉

[전문개정 2011. 7. 15.]

제7조(토지 등의 처분 신청) ① 법 제15조제5항 및 영 제9조제1항·제3항에 따라 입주허가가 취소된 자가 자유무역지역 안의 토지나 공장·건축물 또는 그 밖의 시설(이하 "공장등"이라 한다)을 처분하려면 별지 제3호서식의 처분신청서에 처분의 대상이 되는 물품의 명세서를 첨부하여 관리권자에게 제출하여야 한다.

② 제1항에 따른 신청을 받은 담당 공무원은 「전자정부법」 제36조제1항에 따른 행정정보의 공동이용을 통하여 토지등기부 등본 또는 건물등기부 등본을 확인하여야 한다.

[전문개정 2011. 7. 15.]

제8조(매입대금의 납부연기 및 분할납부) ① 영 제12조제1항에서 "산업통상자원부령으로 정하는 사유"란 다음 각 호의 어느 하나에 해당하는 사유를 말한다. 〈개정 2013. 3. 23.〉

1. 거래상대방의 부도 또는 파산으로 인하여 매입대금을 내기가 현저히 곤란한 경우

2. 입주기업체가 국유의 토지 또는 공장등을 매입한 대금이 그 연간 총매출액의 2분의 1이 넘는 경우

② 법 제19조제1항에 따라 토지 또는 공장등의 매입대금의 납부기한을 연기하거나 매입대금을 분할하여 내려는 자는 별지 제4호서식의 매입대금 납부연기(분할납부) 신청서를 납부기일의 7일 전까지 관리권자에게 제출하여야 한다.

[전문개정 2011. 7. 15.]

제9조(임대료의 감면 신청) 법 제20조에 따라 임대료를 감면받으려는 외국인투자기업은 별지 제5호서식의 임대료 감면 신청서에 토지 또는 공장등에 대한 임대차계약서 사본을 첨부하여 관리권자에게 제출하여야 한다.

[전문개정 2011. 7. 15.]

제10조 삭제 〈2016. 8. 2.〉

제11조(토지 등의 양도 신청) ① 법 제25조제1항에 따라 입주기업체등이 토지 또는 공장등을 관리권자에게 양도하려는 경우에는 별지 제3호서식의 양도신청서(전자문서로 된 신청서를 포함한다)에 양도의 대상이 되는 물품의 명세서(전자문서를 포함한다)를 첨부하여 관리권자에게 제출하여야 한다.

② 제1항에 따른 신청을 받은 담당 공무원은 「전자정부법」 제36조제1항에 따른 행정정보의 공동이용을 통하여 토지 또는 건물의 등기부 등본을 확인하여야 한다.

[전문개정 2011. 7. 15.]

제12조(공장등의 양도신고 등) ① 법 제25조제4항에 따라 공장등을 양도 또는 임대하거나 이를 타인으로 하여금 사용하게 하는 자는 별지 제6호서식의 양도(임대ㆍ사용) 신고서(전자문서로 된 신고서를 포함한다)에 양도ㆍ임대 또는 사용 계약서 사본(전자문서를 포함한다)을 첨부하여 관리권자에게 제출하여야 한다.

② 제1항에 따른 신고를 받은 담당 공무원은 「전자정부법」 제36조제1항에 따른 행정정보의 공동이용을 통하여 양도ㆍ임대 또는 사용 대상 건물의 등기부 등본을 확인하여야 한다.

[전문개정 2011. 7. 15.]

제12조의2(토지의 분할 면적) 법 제25조제6항에서 "산업통상자원부령으로 정하는 면적"이란 1,650제곱미터를 말한다. 다만, 관리권자는 업종별 특성을 고려하여 분할면적을 「건축법 시행령」 제80조제3호에 따른 면적 이상의 범위에서 법 제28조의2제2항에 따른 입주관리 요령으로 달리 정할 수 있다. 〈개정 2013. 3. 23.〉

[본조신설 2011. 7. 15.]

제13조(공동시설의 유지비) 법 제28조제1항에서 "산업통상자원부령으로 정하는 시설의 관리·운영에 필요한 비용"이란 다음 각 호의 시설을 관리·운영하는 데 필요한 비용을 말한다. 〈개정 2013. 3. 23.〉

1. 도로·가로등·울타리·체육시설·운동장 및 기숙사
2. 그 밖에 산업통상자원부장관이 정하여 고시하는 시설

[전문개정 2011. 7. 15.]

제14조(수출입승인 신청서) 영 제21조제1항에 따른 수출입승인 신청서는 별지 제7호서식과 같다.

[전문개정 2011. 7. 15.]

제15조(출입 관리) 관리권자는 법 제27조제4항에 따라 「개인정보보호법」 제2조제7호에 따른 영상정보처리기기를 이용하여 자유무역지역을 출입하는 사람 및 자동차에 대한 기록을 90일 동안 관리하여야 한다.

[전문개정 2016. 8. 2.]

제16조(규제의 재검토) ①산업통상자원부장관은 제12조의2에 따른 토지의 분할 면적에 대하여 2014년 1월 1일을 기준으로 3년마다

(매 3년이 되는 해의 1월 1일 전까지를 말한다) 그 타당성을 검토하여 개선 등의 조치를 하여야 한다. 〈개정 2014. 12. 31.〉

② 산업통상자원부장관은 다음 각 호의 사항에 대하여 다음 각 호의 기준일을 기준으로 2년마다(매 2년이 되는 해의 기준일과 같은 날 전까지를 말한다) 그 타당성을 검토하여 개선 등의 조치를 하여야 한다. 〈신설 2014. 12. 31., 2016. 8. 2.〉

1. 제3조에 따른 입주계약 및 변경계약 신청서: 2015년 1월 1일
2. 삭제 〈2016. 8. 2.〉
3. 삭제 〈2016. 8. 2.〉

[본조신설 2014. 2. 4.]

부칙 〈제237호, 2004. 6. 23.〉

제7조 제2호 및 제8조제2호중 "자유무역지역의지정등에관한법률"을 각각 "자유무역지역의지정및운영에관한법률"로 한다.

③(다른 법령과의 관계) 이 규칙 시행 당시 다른 법령에서 종전의 자유무역지역의지정등에관한법률시행규칙 또는 그 규정을 인용하고 있는 경우 이 규칙중 그에 해당하는 규정이 있는 때에는 이 규칙 또는 이 규칙의 해당 규정을 인용한 것으로 본다.

부칙 〈제254호, 2005. 2. 2.〉 (전자적 민원처리를 위한 계량에관한법률시행규칙 등 일부개정령)

이 규칙은 공포한 날부터 시행한다.

부칙 〈제369호, 2006. 10. 4.〉 (행정정보의 공동이용 및 문서감축을 위한 고압가스 안전관리법 시행규칙 등 일부개정령)

이 규칙은 공포한 날부터 시행한다.

부칙 〈제423호, 2007. 9. 21.〉 (행정정보의 공동이용 및 문서감축을 위한 고압가스 안전관리법 시행규칙 등 일부개정령)

이 규칙은 공포한 날부터 시행한다.

부칙 〈제1호, 2008. 3. 3.〉 (지식경제부와 그 소속기관 직제 시행규칙)

제1조(시행일) 이 규칙은 공포한 날부터 시행한다.

제2조 부터 제4조까지 생략

제5조(다른 법령의 개정) ① 부터 ㊺ 까지 생략

㊻ 자유무역지역의 지정 및 운영에 관한 법률 시행규칙 일부를 다음과 같이 개정한다.

제3조제1항 · 제2항 · 제3항, 제5조, 제6조, 제8조제1항, 제13조 중 "산업자원부령"을 각각 "지식경제부령"으로 한다.

제13조 중 "산업자원부장관"을 "지식경제부장관"으로 한다.

㊼ 부터 〈64〉 까지 생략

부칙 〈제195호, 2011. 7. 15.〉

제1조(시행일) 이 규칙은 공포한 날부터 시행한다.

제2조(자유무역지역에의 예외입주에 관한 적용례) 제2조의 개정규정

은 이 규칙 시행 후 최초로 관리권자와 체결하는 입주계약부터 적용한다.

부칙 〈제1호, 2013. 3. 23.〉 (산업통상자원부와 그 소속기관 직제 시행규칙)

제1조(시행일) 이 규칙은 공포한 날부터 시행한다. 〈단서 생략〉

제2조 부터 제6조까지 생략

제7조(다른 법령의 개정) ①부터 ㊴까지 생략

㊵ 자유무역지역의 지정 및 운영에 관한 법률 시행규칙 일부를 다음과 같이 개정한다.

제4조제1항 · 제2항, 같은 조 제3항 각 호 외의 부분, 제4조의3, 제5조, 제6조, 제8조제1항 각 호 외의 부분, 제12조의2 본문 및 제13조 각 호 외의 부분 중 "지식경제부령"을 각각 "산업통상자원부령"으로 한다.

제13조제2호 중 "지식경제부장관"을 "산업통상자원부장관"으로 한다.

별지 제7호서식 중 "지식경제부장관"을 각각 "산업통상자원부장관"으로 한다.

㊶부터 〈63〉까지 생략

부칙 〈제48호, 2014. 2. 4.〉 (행정규제기본법 개정에 따른 재검토기한 규정을 위한 계량에 관한 법률 시행규칙 등 일부개정령)

이 규칙은 공포한 날부터 시행한다.

부칙 〈제108호, 2014. 12. 31.〉 (규제 재검토기한 설정 등 규제정비를 위한 경제자유구역의 지정 및 운영에 관한 특별법 시행규칙 등 일부개정령)

이 규칙은 공포한 날부터 시행한다.

부칙 〈제207호, 2016. 8. 2.〉

이 규칙은 공포한 날부터 시행한다.

부칙 〈제355호, 2019. 11. 26.〉

이 규칙은 공포한 날부터 시행한다.

부칙 〈제441호, 2021. 12. 16.〉

이 규칙은 2021년 12월 16일부터 시행한다.

부칙 〈제448호, 2022. 1. 21.〉 (고압가스 안전관리법 시행규칙 등 36개 산업통상자원부령 일부개정령)

이 규칙은 공포한 날부터 시행한다.

별표 / 서식

[별지 제1호서식] 자유무역지역 (입주계약, 입주변경계약) 신청(확인)서

[별지 제2호서식] 사업개시 신고서(확인서)

[별지 제3호서식] (토지, 공장 등) (처분, 양도) 신청서

[별지 제4호서식] 매입대금 (납부연기, 분할납부) 신청서

[별지 제5호서식] 임대료 감면 신청서

[별지 제6호서식] 양도(임대 · 사용) 신고서

[별지 제7호서식] 수출입승인 신청서

[별지 제8호서식] 삭제 〈2016. 8. 2.〉

대한민국 법령 시리즈 76

자유무역지역의 지정 및 운영에 관한 법률
(약칭 : 자유무역지역법)

법 령 / 시 행 령 / 시 행 규 칙

2025년 3월 28일 인쇄 정가 18,000원
2025년 4월 8일 발행

편 저 편집부
디 자 인 송영미
발 행 인 조준형
발 행 처 해광출판사

http://www.hgbookpub.com
E-mail : munbookcokr@naver.com
주 소 부산광역시 중구 해관로 41-1 (중앙동2가)
전화번호 (051) 253-0001 팩스 (051) 245-1187

등 록 제 2012-000005호

해광출판사에서는 여러분의 소중한 원고와 함께 할 기회를 기다리고 있습니다. 책으로 엮을 원고나 아이디어가 있으신 분들은 이메일 munbookcokr@naver.com로 책에 대한 간단한 개요와 원고 전체 또는 일부를 연락처와 함께 보내주십시오.

ISBN 979-11-6881-802-6

※ 법령 출처 : 법제처 국가법령정보센터
※ 본 도서는 〈공공데이터 제공 및 이용 활성화에 관한 법률〉을 근거로 출판되었습니다.

해광출판사 대한민국 법령 시리즈

001. 선원법
002. 어선법
003. 선박직원법
004. 해사안전기본법
005. 해양환경관리법
006. 선박의 입항 및 출항등에 관한 법률
007. 학교안전사고예방 및 보상에 관한 법률
008. 종합부동산세법
009. 방위사업법
010. 행정규제기본법
011. 식품산업진흥법
012. 위험물안전관리법
013. 화재의 예방 및 안전관리에 관한 법률
014. 도시가스사업법
015. 실내공기질관리법
016. 지방세법
017. 소득세법
018. 법인세법
019. 도선법
020. 선박안전법
021. 선박법
022. 수산업법
023. 고압가스안전관리법
024. 국민연금법
025. 공동주택관리법
026. 화학물질관리법
027. 어선원 및 어선 재해보상보험법
028. 장기등 이식에 관한 법률
029. 자연재해대책법
030. 공유재산 및 물품 관리법
031. 산업입지 및 개발에 관한 법률
032. 부정경쟁방지 및 영업비밀보호에 관한 법률
033. 금융지주회사법
034. 온실가스 배출권의 할당 및 거래에 관한 법률
035. 건축사법
036. 산림문화휴양에 관한 법률
037. 전기사업법
038. 사립학교법
039. 고등교육법
040. 액화석유가스의 안전관리 및 사업법
041. 선박투자회사법
042. 수산자원관리법
043. 위험물선박운송및저장규칙
044. 선박평형수관리법
045. 주택임대차보호법
046. 상가건물임대차보호법
047. 지방공기업법
048. 승강기안전관리법
049. 수목원·정원의 조성 및 진흥에 관한 법률
050. 민법
051. 치료감호 등에 관한 법률
052. 대부업 등의 등록 및 금융이용자 보호에 관한 법률
053. 사료관리법
054. 무형문화재 보전 및 진흥에 관한 법률
055. 총포·도검·화약류 등의 안전관리에 관한 법률
056. 경찰관직무집행법
057. 시설물의 안전 및 유지관리에 관한 특별법
058. 수산생물질병 관리법
059. 소비자기본법
060. 국제선박등록법
061. 정보통신망 이용촉진 및 정보보호 등에 관한 법률
062. 해운법
063. 농수산물 품질관리법
064. 수산업협동조합법
065. 해외건설촉진법
066. 수상레저안전법
067. 공무원재해보상법
068. 수상에서의 수색·구조 등에 관한 법률
069. 어촌어항법
070. 항만법
071. 항만운송사업법
072. 해양경비법
073. 해양사고의 조사 및 심판에 관한 법률
074. 외국인근로자의 고용 등에 관한 법률
075. 중소기업기본법
076. 자유무역지역의 지정 및 운영에 관한 법률
077. 대기환경보전법
078. 소음진동관리법
079. 폐기물관리법
080. 하수도법
081. 물환경보전법
082. 토양환경보전법
083. 환경정책기본법
084. 산업재해보상보험법
085. 관세법
086. 노동조합 및 노동관계조정법
087. 근로기준법
088. 군인연금법
089. 먹는물관리법
090. 기술보증기금법
091. 관광진흥법
092. 감염병의 예방 및 관리에 관한 법률
093. 사법경찰관리의 직무를 수행할 자와 그 직무범위에 관한 법률
094. 수의사법
095. 가정폭력방지 및 피해자보호 등에 관한 법률
096. 환경영향평가법
097. 체육시설의 설치 · 이용에 관한 법률
098. 장사 등에 관한 법률
099. 상호저축은행법
100. 은행법
101. 보호관찰 등에 관한 법률
102. 형법
103. 자동차관리법
104. 형사소송법
105. 전자금융거래법
106. 마약류 불법거래 방지에 관한 특례법
107. 도로법
108. 주세법
109. 변리사법
110. 하천법
111. 중소기업진흥에 관한 법률
112. 발달장애인 권리보장 및 지원에 관한 법률
113. 주택법
114. 장애인복지법
115. 농어업경영체 육성 및 지원에 관한 법률
116. 공인중개사법
117. 건강기능식품에 관한 법률
118. 예비군법
119. 개발제한구역의 지정 및 관리에 관한 특별조치법
120. 국유재산법
121. 주차장법
122. 환경기술 및 환경산업 지원법
123. 대기관리권역의 대기환경개선에 관한 특별법
124. 악취방지법
125. 미세먼지 저감 및 관리에 관한 특별법
126. 가축분뇨의 관리 및 이용에 관한 법률
127. 물의 재이용 촉진 및 지원에 관한 법률
128. 물관리기본법
129. 물관리기술 발전 및 물산업 진흥에 관한 법률
130. 자원의 절약과 재활용촉진에 관한 법률
131. 전기 · 전자제품 및 자동차의 자원순환에 관한 법률
132. 건설폐기물의 재활용촉진에 관한 법률
133. 수도권매립지관리공사의 설립 및 운영 등에 관한 법률
134. 폐기물의 국가 간 이동 및 그 처리에 관한 법률
135. 폐기물처리시설 설치촉진 및 주변지역지원 등에 관한 법률
136. 자원순환기본법
137. 잔류성오염물질 관리법
138. 환경분쟁 조정법

해광출판사 대한민국 법령 시리즈

139. 화학물질의 등록 및 평가 등에 관한 법률
140. 환경오염시설의 통합관리에 관한 법률
141. 환경오염피해 배상책임 및 구제에 관한 법률
142. 중소기업제품 구매촉진 및 판로지원에 관한 법률
143. 환경개선비용 부담법
144. 환경분야 시험·검사 등에 관한 법률
145. 환경친화적 산업구조로의 전환촉진에 관한 법률
146. 환경친화적 자동차의 개발 및 보급 촉진에 관한 법률
147. 환경범죄 등의 단속 및 가중처벌에 관한 법률
148. 생명윤리 및 안전에 관한 법률
149. 장애인차별금지 및 권리구제 등에 관한 법률
150. 부동산투자회사법
151. 정치자금법
152. 과학기술기본법
153. 대리점거래의 공정화에 관한 법률
154. 상속세 및 증여세법
155. 학원의 설립 · 운영 및 과외교습에 관한 법률
156. 해양심층수의 개발 및 관리에 관한 법률
157. 전기용품 및 생활용품 안전관리법
158. 사회기반시설에 대한 민간투자법
159. 공직선거법
160. 정당법
161. 유류오염손해배상 보장법
162. 부정청탁 및 금품등 수수의 금지에 관한 법률
163. 항로표지법
164. 어장관리법
165. 민방위기본법
166. 공직자윤리법
167. 선거관리위원회법
168. 유선 및 도선 사업법
169. 전기공사업법
170. 사회복지사업법
171. 택지개발촉진법
172. 국가공무원법
173. 민간임대주택에 관한 특별법
174. 어음법·수표법
175. 민사집행법
176. 상법
177. 문화예술진흥법
178. 중소기업협동조합법
179. 농업협동조합법
180. 도로교통법
181. 의료사고 피해구제 및 의료분쟁 조정 등에 관한 법률
182. 산림보호법
183. 소년법
184. 동물보호법
185. 건축물관리법
186. 도시개발법
187. 화물자동차 운수사업법
188. 도시 및 주거환경정비법
189. 의료법
190. 국회법
191. 응급의료에 관한 법률
192. 출입국관리법
193. 노인복지법
194. 산림자원의 조성 및 관리에 관한 법률
195. 청소년 보호법
196. 초 · 중등교육법
197. 혁신도시 조성 및 발전에 관한 특별법
198. 경제자유구역의 지정 및 운영에 관한 특별법
199. 공공기관의 운영에 관한 법률
200. 대한민국헌법
201. 국민기초생활 보장법
202. 저작권법
203. 가사소송법
204. 국가유공자 등 예우 및 지원에 관한 법률
205. 국민체육진흥법
206. 전통주 등의 산업진흥에 관한 법률
207. 재난 및 안전관리 기본법
208. 정보통신공사업법
209. 주식회사 등의 외부감사에 관한 법률
210. 공익사업을 위한 토지 등의 취득 및 보상에 관한 법률
211. 개인정보 보호법
212. 국세기본법
213. 에너지이용 합리화법
214. 감정평가 및 감정평가사에 관한 법률
215. 국가인권위원회법
216. 가맹사업거래의 공정화에 관한 법률
217. 보건의료기본법
218. 산업안전보건법
219. 법무사법
220. 교육공무원법
221. 특허법
222. 민사소송법
223. 아동복지법
224. 전파법
225. 하도급거래 공정화에 관한 법률
226. 기초연금법
227. 사립학교교직원 연금법
228. 직업안정법
229. 장애아동 복지지원법
230. 부동산등기법
231. 자동차손해배상 보장법
232. 철도안전법
233. 항공안전법
234. 전자상거래 등에서의 소비자보호에 관한 법률
235. 독점규제 및 공정거래에 관한 법률
236. 상표법
237. 채무자 회생 및 파산에 관한 법률
238. 공무원연금법
239. 축산법
240. 근로복지기본법
241. 민원 처리에 관한 법률
242. 약사법
243. 방문판매 등에 관한 법률
244. 건축기본법
245. 지방세기본법
246. 지방세징수법
247. 지방자치법
248. 도시교통정비 촉진법
249. 공공주택 특별법
250. 국세징수법
251. 공인노무사법
252. 중대재해 처벌 등에 관한 법률
253. 외무공무원법
254. 소방시설공사업법
255. 검역법
256. 공중위생관리법
257. 할부거래에 관한 법률
258. 인터넷 멀티미디어 방송사업법
259. 전기통신사업법
260. 제품안전기본법
261. 철도사업법
262. 어린이제품 안전 특별법
263. 영유아보육법
264. 원자력안전법
265. 보험업법
266. 경비업법
267. 교통안전법
268. 세무사법
269. 관세사법
270. 공인회계사법
271. 지방공무원법
272. 고용정책 기본법
273. 국가경찰과 자치경찰의 조직 및 운영에 관한 법률
274. 협동조합 기본법
275. 재해구호법
276. 환경보건법

해광출판사 대한민국 법령 시리즈

277. 자살예방 및 생명존중문화 조성을 위한 법률
278. 소방산업의 진흥에 관한 법률
279. 소방기본법
280. 비송사건절차법
281. 자연환경보전법
282. 변호사법
283. 기업구조조정투자회사법
284. 전기통신기본법
285. 에너지법
286. 해양생태계의 보전 및 관리에 관한 법률
287. 사회보장기본법
288. 통신비밀보호법
289. 공증인법
290. 물류시설의 개발 및 운영에 관한 법률
291. 청소년활동 진흥법
292. 형의 집행 및 수용자의 처우에 관한 법률
293. 도시공원 및 녹지 등에 관한 법률
294. 태권도 진흥 및 태권도공원 조성 등에 관한 법률
295. 녹색건축물 조성 지원법
296. 우편법
297. 예금자보호법
298. 건설산업기본법
299. 금융회사의 지배구조에 관한 법률
300. 장애인활동 지원에 관한 법률
301. 언론중재 및 피해구제 등에 관한 법률
302. 국가재정법
303. 농지법
304. 게임산업진흥에 관한 법률
305. 정신건강증진 및 정신질환자 복지서비스 지원에 관한 법률
306. 디자인보호법
307. 의료기사 등에 관한 법률
308. 스마트도시 조성 및 산업진흥 등에 관한 법률
309. 내수면어업법
310. 한국주택금융공사법
311. 의료기기법
312. 유통산업발전법
313. 전통시장 및 상점가 육성을 위한 특별법
314. 여신전문금융업법
315. 해외자원개발 사업법
316. 산업교육진흥 및 산학연협력촉진에 관한 법률
317. 빈집 및 소규모주택 정비에 관한 특례법
318. 기업도시개발 특별법
319. 전력기술관리법
320. 국토기본법
321. 지하수법
322. 식품위생법
323. 광업법
324. 호스피스·완화의료 및 임종과정에 있는 환자의 연명의료결정에 관한 법률
325. 주식·사채 등의 전자등록에 관한 법률
326. 표시·광고의 공정화에 관한 법률
327. 골재채취법
328. 국민건강증진법
329. 새마을금고법
330. 여객자동차 운수사업법
331. 마리나항만의 조성 및 관리 등에 관한 법률
332. 한부모가족지원법
333. 국가를 당사자로 하는 계약에 관한 법률
334. 지방자치단체를 당사자로 하는 계약에 관한 법률
335. 축산물 위생관리법
336. 병역법
337. 음악산업진흥에 관한 법률
338. 국가균형발전 특별법
339. 첨단재생의료 및 첨단바이오의약품 안전 및 지원에 관한 법률
340. 공간정보의 구축 및 관리 등에 관한 법률
341. 공유수면 관리 및 매립에 관한 법률
342. 농수산물 유통 및 가격안정에 관한 법률
343. 아시아문화중심도시 조성에 관한 특별법
344. 신탁법
345. 자연공원법
346. 생활화학제품 및 살생물제의 안전관리에 관한 법률
347. 군인사법
348. 국제조세조정에 관한 법률
349. 낙동강수계 물관리 및 주민지원 등에 관한 법률
350. 주민등록법
351. 집합건물의 소유 및 관리에 관한 법률
352. 집단에너지사업법
353. 산림조합법
354. 반도체집적회로의 배치설계에 관한 법률
355. 자본시장과 금융투자업에 관한 법률
356. 담보부사채신탁법
357. 근로자퇴직급여 보장법
358. 국제과학비즈니스벨트 조성 및 지원에 관한 특별법
359. 수도법
360. 식품 등의 표시·광고에 관한 법률
361. 약관의 규제에 관한 법률
362. 인삼산업법
363. 종자산업법
364. 항공사업법
365. 건설기계관리법
366. 군형법
367. 궤도운송법
368. 기술의 이전 및 사업화 촉진에 관한 법률
369. 농수산물의 원산지 표시 등에 관한 법률
370. 담배사업법
371. 석유 및 석유대체연료 사업법
372. 가축전염병 예방법
373. 농어촌정비법
374. 식물신품종 보호법
375. 항공보안법
376. 중소기업창업 지원법
377. 군사법원법
378. 우주개발 진흥법
379. 해저광물자원 개발법
380. 산림복지 진흥에 관한 법률
381. 지능형 로봇 개발 및 보급 촉진법
382. 헌법재판소법
383. 옥외광고물 등의 관리와 옥외광고산업 진흥에 관한 법률
384. 혈액관리법
385. 국제항해선박 등에 대한 해적행위 피해예방에 관한 법률
386. 유료도로법
387. 독립유공자예우에 관한 법률
388. 신에너지 및 재생에너지 개발·이용·보급 촉진법
389. 신용정보의 이용 및 보호에 관한 법률
390. 출판문화산업 진흥법
391. 공항시설법
392. 국민 평생 직업능력 개발법
393. 아동·청소년의 성보호에 관한 법률
394. 방송법쉬
395. 신용보증기금법
396. 화장품법
397. 청소년 기본법
398. 인터넷주소자원에 관한 법률
399. 양곡관리법
400. 도로명주소법
401. 전자문서 및 전자거래 기본법
402. 산업기술의 유출방지 및 보호에 관한 법률
403. 국가기술자격법
404. 양식산업발전법
405. 산업기술혁신 촉진법
406. 새만금사업 추진 및 지원에 관한 특별법
407. 전자정부법
408. 지역 개발 및 지원에 관한 법률
409. 한국농어촌공사 및 농지관리기금법
410. 계량에 관한 법률
411. 기업활동 규제완화에 관한 특별조치법
412. 군에서의 형의 집행 및 군수용자의 처우에 관한 법률

해광출판사 **대한민국 법령 시리즈**

413. 규제자유특구 및 지역특화발전특구에 관한 규제특례법
414. 금융위원회의 설치 등에 관한 법률
415. 남녀고용평등과 일·가정 양립 지원에 관한 법률
416. 농어업인 삶의 질 향상 및 농어촌지역 개발촉진에 관한 특별법
417. 댐건설·관리 및 주변지역지원 등에 관한 법률
418. 국가유산수리 등에 관한 법률
419. 법원조직법
420. 보훈보상대상자 지원에 관한 법률
421. 부패방지 및 국민권익위원회의 설치와 운영에 관한 법률
422. 과학기술분야 정부출연연구기관 등의 설립·운영 및 육성에 관한 법률
423. 연구개발특구의 육성에 관한 특별법
424. 친환경농어업 육성 및 유기식품 등의 관리·지원에 관한 법률
425. 연안관리법
426. 영화 및 비디오물의 진흥에 관한 법률
427. 신용협동조합법
428. 방송통신발전 기본법
429. 범죄피해자 보호법
430. 가축 및 축산물 이력관리에 관한 법률
431. 국가표준기본법
432. 국가통합교통체계효율화법
433. 범죄인 인도법
434. 국가과학기술 경쟁력 강화를 위한 이공계지원 특별법
435. 국제경기대회 지원법
436. 금융혁신지원 특별법
437. 수자원의 조사·계획 및 관리에 관한 법률
438. 축산자조금의 조성 및 운용에 관한 법률
439. 소방시설 설치 및 관리에 관한 법률
440. 양성평등기본법
441. 축산계열화사업에 관한 법률
442. 수입식품안전관리 특별법
443. 대외무역법
444. 국가연구개발사업 등의 성과평가 및 성과관리에 관한 법률
445. 무역보험법
446. 기술사법
447. 광산안전법
448. 농약관리법
449. 농업·농촌 및 식품산업 기본법
450. 문화산업진흥 기본법
451. 부담금관리 기본법
452. 야생생물 보호 및 관리에 관한 법률
453. 한국은행법
454. 별정우체국법
455. 원양산업발전법
456. 콘텐츠산업 진흥법
457. 한국수출입은행법
458. 외국인투자 촉진법
459. 물류정책기본법
460. 전자서명법
461. 산업발전법
462. 산업표준화법
463. 소프트웨어 진흥법
464. 토지이용규제 기본법
465. 해수욕장의 이용 및 관리에 관한 법률
466. 정보통신 진흥 및 융합 활성화 등에 관한 특별법
467. 정보통신산업 진흥법
468. 지진·화산재해대책법
469. 소금산업진흥법
470. 위치정보의 보호 및 이용 등에 관한 법률
471. 외국법자문사법
472. 이러닝(전자학습)산업 발전 및 이러닝 활용 촉진에 관한 법률
473. 암관리법
474. 실용신안법
475. 가족관계의 등록 등에 관한 법률
476. 무인도서의 보전 및 관리에 관한 법률
477. 감사원법
478. 정보보호산업의 진흥에 관한 법률
479. 결혼중개업의 관리에 관한 법률
480. 공익신고자 보호법
481. 박물관 및 미술관 진흥법
482. 낚시 관리 및 육성법
483. 동산·채권 등의 담보에 관한 법률
484. 임금채권보장법
485. 국민투표법
486. 농림수산업자 신용보증법
487. 국가채권 관리법
488. 중소기업은행법
489. 식품안전기본법
490. 외국환거래법
491. 발명진흥법
492. 건설기술 진흥법
493. 기후위기 대응을 위한 탄소중립·녹색성장 기본법
494. 인체조직안전 및 관리 등에 관한 법률
495. 엔지니어링산업 진흥법
496. 신문 등의 진흥에 관한 법률
497. 식물방역법
498. 석탄산업법
499. 산업융합 촉진법
500. 비료관리법
501. 임업 및 산촌 진흥촉진에 관한 법률
502. 복권 및 복권기금법
503. 대규모유통업에서의 거래 공정화에 관한 법률
504. 뉴스통신 진흥에 관한 법률
505. 지능정보화 기본법
506. 자격기본법
507. 중소기업 기술혁신 촉진법
508. 국가공간정보 기본법
509. 농어업재해대책법
510. 방송광고판매대행 등에 관한 법률
511. 지식재산 기본법
512. 초고층 및 지하연계 복합건축물 재난관리에 관한 특별법
513. 해양 조사와 해양정보 활용에 관한 법률
514. 공간정보산업 진흥법
515. 공공기관의 정보공개에 관한 법률
516. 행정기본법
517. 해상교통안전법
518. 농어업재해보험법
519. 문화유산의 보존 및 활용에 관한 법률
520. 자연유산의 보존 및 활용에 관한 법률
521. 국토의 계획 및 이용에 관한 법률
522. 건축법
523. 국민건강보험법
524. 계엄법
525. 환경친화적 선박의 개발 및 보급 촉진에 관한 법률
526. 해양폐기물 및 해양오염퇴적물 관리법
527. 연안사고 예방에 관한 법률
528. 전기안전관리법

*** 해광출판사의 법령 시리즈는 계속 발행 됩니다.**
**** 각 도서의 개정판은 인쇄일을 기준으로 제작 되었습니다.**